八王子怪談
逢魔ヶ刻編

川奈まり子

竹書房
怪談
文庫

はじめに　――八王子ご当地怪談ふたたび――

昨年夏に刊行した、私の初のご当地怪談本『八王子怪談』がお蔭様で好評を得まして、このたび続編を出せる運びと相なりました。

再び、故郷・八王子に所縁《ゆかり》ある皆さまのお力添えを賜り、本当にあった怖い体験談をあらためて聴き集めた次第です。

SNSで募集した体験者さんを電話インタビューし、各談話の背景となる事象や郷土史を調査するという取材の仕方は前作と同様。しかし今回は、八王子に伝わる昔話や民俗、信仰や伝統芸能にも目配りさせていただきました。

また、こんどの方が、高尾山にまつわるお話が少し多くなっております。

これには、わけがあります。

実は八王子のご当地怪談を着想したときから、私の頭の中では、令和二年六月に文化庁の日本遺産に認定された八王子市のストーリー「霊気満山　高尾山　～人々の祈りが紡ぐ桑《そう》都《と》物語～」が瞬《またた》いておりました。

文化庁は、歴史的魅力や特色を通じて文化や伝統を語る物語を日本遺産と定めて、その筋立てに欠かせない文化財群を活用する取り組みを支援しているそうです。

八王子市の日本遺産は、戦国時代から今に至るこの地の歴史と文化が、霊山・高尾山に捧げられてきた祈りと響き合う、壮大な物語。

一読、八王子っ子として誇らしく思い、すぐに関連する資料を確認して、そこで紹介されている各文化財も把握《はあく》していたのですが……。

当地の文化と実際の怪異体験談との接点を充分に書きあらわせないまま、先の『八王子怪談』を仕上げてしまい、その点がずっと心残りだったのです。

私は今まで、怪談実話を「歴史を経糸《たて》、人を緯糸《よこ》に」綴《つづ》りたいと志してきたので、悔しさもなおさらでした。

ですから、この本では、現代人のリアルな体験をお伝えしながら、歴史の重みも感じさせる、私たちのふるさと・八王子ならではの怪談実話をお届けするつもりです。

ちなみに、八王子の昔話には怪談実話めいたものが幾つもあります。江戸時代の奇譚《きたん》集『耳嚢《みみぶくろ》』にも、八王子を舞台とした伝え聞きが収められています。

拙著の怪談実話もそれらに連なる性質を持っていますが、ただし、どの話も、ここ八王子で本当にあったできごとです。

――どうぞ皆さま、ごゆるりと愉しんでくださいませ。

目次

つわものどもが夢の通い路（廿里古戦場と八王子城跡）

花盛りの森の上だけ、朝の清浄な大気がぼうっと桜色に染まっていた。踊り場の窓を開けて思わずうっとりと眺めているると、桜特有の甘く涼しい香りがそよ風に運ばれてきた。

——いつまでもここに住んでいられるといいな。

当時一四歳の勝《まさる》さんは、このときそう願ったという。

一九七八年の春、桜の季節に、両親と二つ年上の姉と共に都心の公営団地から、ここ八王子市に引っ越してきたのだった。

奇しくも筆者が八王子に住みはじめたのと似たような時期だ。その頃の多摩・八王子エリアは、東京のベッドタウンとして開発が進み、市内の随所に新興の住宅街が生まれていた。勝さんの両親は、八王子城跡の城山付近に造成された宅地に住まいを求めた。山の自然林が借景になる高台に二階建ての家を新築して、四月一日に入居した。

引っ越し日和と呼びたいような快晴の土曜日で、週明けから姉は市内の私立高校に入学、勝さんも近くの公立中学の二年生に一学期から編入する計画だった。まさに節目の春。そのせいで、しばらく前から、一家四人とも地面から足が数センチ浮かんでいるかのような、高揚と不安が入り混じった雰囲気に包まれていたものだ。

もっとも、勝さんは、当初、団地の友だちと別れる切なさに胸を締めつけられ、少なからず憂鬱《ゆううつ》だったとのこと。しかし引っ越してきたその日に、家の周囲の豊かな自然と、そして何よりも二階の窓からの眺望に心を奪われた。

もちろん、二階に個室を与えられた嬉しさにも大いに慰められた。それにしても、こんなに景色が良いとは思っていなかった――というのが、ここへ来て最初に抱いた感想だった。

彼の部屋の窓の外は、鮮やかな樹々の緑に埋め尽くされていた。

「ここは八王子城の山の麓《ふもと》なんだ」と、荷ほどきをしながら父が説明してくれた。

「そっち側には家が建たないだろう。うちが、この町のいちばん端だね」

よく見れば、樹々は斜面に生えていた。「この山を登るとお城に行けるの？」

「城じゃなくて城跡。ここから登るのは無理だと思うよ。少し先に城跡の駐車場があるはずだから、買い物のついでに、昼飯の後で車で行ってみようか。……いや、今日はあっちに行くべきかな。みんなでお花見しよう」

そう言って父は、部屋の戸口の方を指さした。大きく開けたドアの向こうに、四角く切り取られた青空が見えた――そちらにある階段の踊り場に大きな窓が設けられているのだ。

「あの窓から桜の森を一望できるから、見てごらん」と父が微笑《ほほえ》んだ。

「多摩森林科学園と言って、林業試験や学術研究を目的とした人工の樹木園だそうだよ。さまざまな桜の仲間を植樹しているんだって……」

前を見れば緑の山、後ろを向けば桜のパノラマ。そして天を仰げば澄んだ大空が……。都心では想像もできなかった開放感に溢《あふ》れる景色が自分のものになって、勝さんは嬉しくなった。

だが、踊り場から外を見ていたところ、彼は奇妙なことに気がついた。

ここはとりわけ高台にあるので、森までの間に建ち並んだ家並みを見渡せる。しかし、桜の森から彼の家までの間だけが、真っ直ぐに空《あ》いていたのだ。

そこに一本道が突き抜けているというわけではない。

景色を観察しているうちに、民家の庭や駐車場、ちょっとした空き地、道路の一部など、建物のない空間からなる、真っ直ぐなラインが浮かびあがってきたのである。

巨大な大砲の弾が突き抜けたかのような、空中に刻まれた一種の道のようなものを、唯一、彼の家だけが堰《せ》き止めている。偶然にしては人工的な直線が不思議で、呆気《あっけ》に取られたが、やがて「おーい、もう少し片づけないかー」と父に呼ばれて部屋に駆け戻った。

この翌日から曇りはじめて、翌々日、月曜日は夜明け前から雨が降っていた。

この日は始業式と学級会などだけで昼食の後は授業がなく、午後は早くに下校した。

帰宅すると、廊下の奥の方からテレビの音が聞こえてきた。

父は平日、午後九時より前に帰ることは滅多になかった。姉も、入学した私立高が市内とはいえ遠く（八王子市は思いがけないほど広かった）、バスと電車を乗り継いで通うそうだから、まだ家に戻っていないだろう。

母がひとり、居間でテレビを観ているのだろうと思った——が、違った。

母は、居間の隣の台所に立って、夕飯の下ごしらえをしていた。テレビの音量がやけに大きい。そのせいか、それとも包丁を持つ手もとに集中していたためか、彼が帰ってきたことに気づいていないようすだった。

「ただいま」と声を掛けると、肩を震わせて慄《おのの》いて、「おかえり」と微笑を作った。

「テレビ、観ないの？　チャンネル替えていい？」

「……あ、ああ、そうね。うん。いいよ。手を洗ってからにしなさいね」

勝さんは部屋着に着替えてくると、居間のソファに寝そべり、テレビのリモコンを手に取った。音のボリュームが大きすぎるので、まずは音量を下げると……。

天井から「キュイッ」と小動物の鳴き声のような音が聞こえた。

反射的に上を向く……と、再び、キュイッと何かが天井の方で……。

この居間の真上は、姉の部屋だ。進学祝いに姉が買ってもらったビジネスチェアが立てる音だとピンときて、彼は思わず「あっ、姉貴の椅子かぁ」とつぶやいた。

姉が、新品なのに背もたれに体重をかける度にキーキー鳴るとぼやいていたのだ。

彼の独り言が耳に届いたようで、母が台所から声を張りあげた。

「お姉ちゃんが、なんだって？」

勝さんはテレビを消して台所へ行った。

「別に。二階から物音が聞こえてきたからさ。姉貴、もう帰ってんだね」

そう話しかけると、母は手を止めて振り向いた。

しかし、その顔が心なしか引き攣《つ》っている。

「……まだだよ。勝、悪いけど、二階を見てきてよ」

「どうしたんだよ？」

ためらいながら母が答えて曰く、家のどこかから妙な物音が聞こえるのだ、と。

「昨日も、みんなが出掛けて一人になると聞こえてきたの。今日も……」

「だからテレビを点けていたのか。もしかして怖がってるの？　動物かな？」

動物が棲《す》んでいたとしてもおかしくないと勝さんは考えた。家の裏は山だ。猪や野生の
猿に注意を呼び掛ける看板も、登下校の途中で見かけた。

そこで、少しワクワクしながら二階へ向かったのだが、階段の踊り場で、またしてもさっ

きの音を耳にした。

キュイッ。

やはり姉の部屋の方から聞こえる。ドアをサッと開けて、中に飛び込んだ。

途端に、姉のビジネスチェアの背もたれが後ろに傾いて、キュイッと鋭く音を立てた。

誰も座ってなどいない。それなのに。

椅子の座面がゆっくりと回転して、彼の方を向いた。

悲鳴をあげて階段を駆け下りたが、何があったのか母に訊ねられても説明に詰まった。

まるで、透明人間が椅子から立ちあがって、こちらへ向かってこようとしたみたいだったが、透明人間なんているわけがない。じゃあ椅子に座っていたのはなんだろう？

――幽霊？


そう。初めは勝さんも怖がっていた。母だけではなく、ほどなく父と姉もこの家で怪奇現象に遭遇して、多かれ少なかれ恐怖を感じたようだった。

しかし、やがて四人とも、誰もいない場所で急に鳴る変な物音や、姿の見えない人の気配ぐらいでは動じなくなってしまった。実害がないとわかったせいもあって、慣れたのだ。

それから数年後、彼は市内の専門学校を卒業して就職した。姉もすでに働いていた。

ある日、深夜まで残業して、すでに家族は寝ているかもしれないと思いながら帰宅すると、意外にもまだ雨戸も閉めておらず、家中の窓という窓に煌々《こうこう》と明かりがついていた。何かと思えば、もう零時をとっくに過ぎているというのに、居間に両親と姉が揃っているではないか……。飲み物のコップを置いたテーブルを囲んでいたので、「何かあったの？なんの酒盛り？」と訊ねたが、三人とも表情が硬く、どうもようすがおかしい。

聞けば、宵の口に姉が家に戻ってきたところ、自室の窓に手形がついていたのだという。

「ベランダのガラス戸の、右上の方に、逆さまの手形がベッタリついていて、外から差す街灯の光に照らされて、白く浮きあがって見えたんだよね……」

皮脂による掌紋《しょうもん》がついていたということらしい。男の掌《てのひら》が捺《お》したらしく、姉の手より二回りも大きな手形だったとのこと。つまり侵入者が姉の部屋を覗いていたわけである。

そうとわかり、彼女は部屋を飛び出すと、両親を部屋に引っ張ってきた。

そして父が勝さんが昔使っていたバットを手に、恐るおそるベランダに出たのだが……。

「誰もいなくて」と父が勝さんに言った。「それに、手形は逆さまで、同じように掌を重ねてみようとしたけれど、屋根の庇《ひさし》にスパイダーマンみたいに張りつきでもしない限り、そこに逆さに手を置けないし、それによく見たら、ガラスの内側にあったたんだ」

部屋の中から捺された手形だったのである。しかも、うんと高いところに、逆さまに。

「だから三人とも震えあがっちゃって、ちょっと飲んでたんだ」

ちなみにその手形は、姉が父に頼んで、ガラスクリーナーで拭いてもらったとか――。

また、こんなこともあった。

その日はよく晴れた秋の土曜日で、父は朝から遠方のゴルフ場に車で出掛けていた。本来なら泊りがけで行くようなところなので帰りは深夜になると聞いていたのに、夜の一〇時頃、三人で居間でくつろいでいたところ、玄関の方から物音がした。

鍵を開けてドアを開け、すぐにバタンと音高く閉める音。次いで、ゴルフバッグが上がり框《かまち》にドスンと置かれて、中でゴルフクラブがぶつかりあってガチャガチャいった。

「親父？」と勝さんは声を張って玄関の方へ呼びかけながら、ソファから腰を上げた。ところが、玄関に父の姿はなく、ゴルフバックも見当たらなかった。さらにドアの鍵も閉まったままだった。外に出てカーポートを確かめると、車もない。

母と姉もやってきて、揃って「今、たしかに帰ってきたよね？」と首を傾《かし》げた。

父はそれから三〇分ほど後に、車で帰ってきた。

「こんどこそ間違いなく親父だ」

「実体があるから本物だね」

「あなた、さっきも一回、まるで帰ってきたみたいだったのよ」

三人に変な出迎え方をされて、父はなんのことかわからずキョトンとしていた。

現在、姉は結婚して他県にいるが、勝さんと両親はまだこの家で暮らしている。彼はいったん結婚して息子を二人もうけたが、妻とは一〇年あまり前に離婚した。息子たちはこの家で彼と暮らすことを選んだ。彼はそろそろ五〇に手が届く歳になり、二七歳のときに生まれた長男は数年前に独立し、次男坊ももうすぐ成人する。

家では数年前までハナという三毛猫を飼っていた。

ハナは賢く、階段の上に置いた猫用のトイレで必ず用を足していたので、階段の近くを通りかかると、前足で砂を掻くシャリシャリという音が聞こえることが時折あった。

勝さんの離婚から間もない頃の元旦、明け方、尿意で目を覚ました父が、二階の寝室から一階のトイレに立ったときにも、戻ってくるときにシャリシャリと砂の音がしたのだが。

「四時頃だと思う。まだ真っ暗だった。トイレから出てきたとき、階段の上の方からハナが砂を掻く音が聞こえてきた。ああ、ハナもオシッコしたんだなと思いながら階段を上っていったら……落ち武者がいた」

この話を父が打ち明けたのは、家族でお雑煮やおせち料理を食べていたときだったので、父はさんざん母にたしなめられたり、まだ少年だった勝さんの息子たちに面白がられたりしたそうだ。

ともあれ、桜の森を望む踊り場の窓から薄明かりがさして、階段の上に立つ蓬髪《ほうはつ》の落ち武者の全身をほのかに蒼白く照らしだしていたのだという。

無表情に佇《たたず》み、その眼差しは父の頭の上を素通りして、窓の外へ向けられていた。たたらを踏んで踊り場に棒立ちになった父が、瞬《まばた》きをするわずかな間に、姿を消したそうだ。

それ以来、父は階段を恐れるようになり、夫婦の寝室を一階に移してしまった。

「今でも、父が二階に上がるのは日中だけです。長男が使っていた部屋に本棚を入れて古い父の蔵書をしまっているんですが、たまに読み返したくなるようで、父が階段を上って取りにいくんですけど、たいていは昼間で、少しでも陽が落ちてくると踊り場の電気を点けるんですよ。だから、あのときはおかしいと思ったんですよね。最近のことです……」

その夜は一一時すぎに帰宅して、風呂から上がったときには午前一時に近かった。

脱衣所で洗面台の鏡を見ながらタオルで髪を拭いていると、鏡に映る自分の背後で、引き戸がスーッと細く開いた。

脱衣所の戸が真後ろにある。それを開きかけて、暗い隙間から誰かが覗き、低い声で「おぉ……」と言った。父が「おお、勝、いたのか」という意味で、つぶやいたのだと思った。

「なんだよ親父？」

鏡越しに話しかけたが返事がなく、すぐに階段を上がっていく足音が聞こえはじめた。階段は脱衣所のすぐ左隣にあるから、上り下りする足音どころか吐息や衣擦《きぬず》れも聞こえる。それ自体にはおかしなところがない。

フッフッと少し苦し気に息を吐きながら、とてもゆっくり上っていく。

——親父も歳をとったなぁ。

階段がギシギシ軋《きし》む音もして、父はこの家と一緒に老いたのだ、と痛ましく思ったが、すぐに、珍しいこともあるものだと気がついた。

脱衣所の戸の隙間に明かりが差していない。ということは、電気を点けずに階段を上がっているわけだ。落ち武者の件以来、あの父がそんなことをするはずがないのに。

気になって、タオルを腰に巻いて脱衣所から出た。やはり階段の電気は点いていない。

二階の部屋は、次男と勝さんのそれぞれの寝室と、本の部屋の計三室だが、次男もすでに熟睡していて、どの部屋も暗かった。

一階に戻り、両親の寝室を覗いてみたら、父も母もよく眠っていた。

——さて、勝さんの家と〝桜の森〟を結ぶラインが、如何《いか》にも怪しいと私は感じた。

それというのも、その花見の名所こと独立行政法人森林総合研究所・多摩森林科学園は、廿里砦《とどりとりで》という戦国時代の合戦場の跡と敷地の一部が重なるのである。

廿里古戦場跡と銘打った説明板が合戦場の跡地付近にあり、それによると一説では京都から当地までの距離、およそ百里を中国式に書いた十十里（廿里）が地名の由来だそうだ。

一五六九年、北条氏照《ほうじょううじてる》の家臣団の兵二千人が、小仏峠《こぼとけとうげ》からここ廿里に攻め入った甲州《こうしゅう》勢・武田《たけだ》軍の別動隊を迎え撃ったが、あえなく敗れた。

関東一円で権勢を振るった後北条氏《ごほうじょうし》が領国を拡大しながら小規模な争いに明け暮れていた頃であり、廿里砦で戦った家臣団の中には、これより二一年後の八王子城落城の折に切腹して果てた横地監物《よこちけんもつ》こと吉信《よしのぶ》や、同じく八王子城で討ち死にした中山家範《なかやまいえのり》もいた。

つまり、ここに八王子城跡と廿里古戦場跡という、血塗られた歴史を持つ二つの土地があり、二ヶ所を直線で結んだラインには、彼の家ができるまでは、なぜか遮蔽物《しゃへい》が建てられてこなかったということになる。

私には砦跡が霊道の始点、城跡が終点のように思われてならないのだが、如何《いかが》だろう。

また季節が巡ってくれば、兵《つわもの》どもが夢の跡に約一七〇〇本もの桜が咲く。

※勝さんは、既刊『八王子怪談』の「城跡異聞集《七》何かが家に出入りする」に登場する〝先輩〟です。

祖父の家（野猿街道沿い）

野猿《やえん》街道は八王子っ子のみならず多摩方面の自動車道を利用する方なら誰しも知っている都道だが、この名前が広く定着したのは六〇年代のことだという。

野猿は、今も野猿峠にもその名を残し、古くから親しまれてきたこの界隈の名称だった。一九六三年頃に、これが都道の正式な通称に格上げされたのだ。

しかし、さらに由来を遡《さかのぼ》ると「猿丸峠《さるまる》」「猿丸通り」という名称が掘り起こされてくる。

今日の野猿街道沿いは市街地ばかりだけれど、高尾山さる園のように、昔は猿がたくさんいたのだろう――と子どもの頃の私は、てっきり信じ込んでいたものだ。

ところが違った。諸説あるものの、野猿街道の語源として最も有力な説は、戦国時代の滝山《たきやま》城城主・大石定久《おおいしさだひさ》にちなむ。定久は、没後、現在の下柚木《しもゆぎ》の辺りに葬られた。その墓が、現在の埼玉県にある武甲山《ぶこうさん》を遥かに望む峠にあったがために、そこは武甲から「甲」の字を取って「甲山」と呼ばれるようになり、それがいつしか「甲」の字を干支の「申」と見誤ったのが始まりで、申山↓猿丸峠↓野猿峠と変化したと言われているのだ。

さて、そんな野猿街道沿いの某所に昭和二〇年代に創業した工務店がある。時代と共に歩みつづけて今日に至り、創業この方延べ三千棟という施工実績を誇る老舗《しにせ》だ。

今回、私がお話を傾聴した舞衣子《まいこ》さんは、そこの創業者のお孫さんで、長い坂道と野猿街道が交差する辻のそばにある、数寄屋《すきや》造りの家で生まれ育った。

祖父は宮大工《みやだいく》でもあったから、本来は文句のつけようのない端正な屋敷で、本格的な木造建築物として歴史的な価値も見込まれるかもしれなかった。実際、祖父の死後、工務店をビルに建て直す際に、母屋は八王子市内の別の場所に移築されて姿を変えずに残された。

しかし舞衣子さんがそこに暮らしていた時分は、昔から幾度となく増築を重ねた結果、蔵や車庫、別棟が渡り廊下で繋がれた、迷宮じみた建物になっていたそうだ。

屋敷は、敷地の北西の角の方にあった。周りに広い和風庭園でもあれば、さぞ見栄えがしたはずだ。だが残念ながら、従業員用の駐車場、杉の木立ち、昔からある土蔵とは別に建てた倉庫や事務所などで敷地が混み合っていた。さらに、昭和時代は、親戚の一家が一つ屋根の下で暮らしていた他、住み込みで働く者も何人かいたので、全体に、如何にも職人の家ふうの、雑然とした親しみやすい雰囲気が醸《かも》し出されていた。

この家では、祖父が打つ柏手《かしわで》の音が目覚めの合図になっていた。

まだ明けきらない夜明け頃、空気を震わすほど大きな乾いた音が「パン」と鳴る。母屋のいちばん奥にある仏間で祖父が神棚に向かって手を打ち鳴らしただけなのに、その音は、なぜか不思議と家じゅうに響き渡ったものだ。

仏間は北向きで、日中でも薄暗く、幼い頃の舞衣子さんには怖く感じられた。日蓮上人《にちれんしょうにん》を祀《まつ》った仏壇は、家でいちばん大きな桐箪笥《きりだんす》より巨大で厳《いか》めしく、さらに、その隣に幅二メートルもある神棚もあった。家の守り神はお稲荷《いなり》様で、暗い部屋の中で紙《し》垂《で》とお狐様ばかりが輝くように白く浮きあがって見え、それもまた恐ろしい眺めなのだった。

仏壇には祖父の次男、つまり母の弟の位牌と遺影が置かれていた。遺影に写っているのは、あどけない男の子で、昔、たった五歳で電車に轢《ひ》かれて死んでしまったのだという。

長男である伯父も、長女である伯母も、そして祖父母の次女にあたる母も見事に育って、全員が祖父の工務店で働いていたけれど、この子が幼くして亡くなったがために、なんとなく寂しい空気が家じゅうに薄く漂っているようだった。

仏壇には、その他にも彼女には所縁がよくわからない位牌があった。戦争直後は、ここで家族同然に扱われていた身寄りがない従業員もいたようなので、先祖の位牌だけとも言いがたかったのだ。

仏間のある母屋から、増設された渡り廊下も子ども心に怖かった。長さが四メートルもあるのに窓がなく、昼でも廊下の奥が見えないほど、やけに暗かったので。

母屋を建てた頃は洋式の水洗トイレが登場する前で、汲み取り式の厠《かわや》を屋外に設けるのがまだ一般的だった。その厠をモダンなトイレに改造するついでに、隣に祖父母専用の寝室と居間を増築して、この廊下で母屋と繋いだわけだ。

舞衣子さんが六、七歳の頃に、母屋の茶の間でテレビを観ていたら、トイレに行きたくなってしまった。彼女には妹が二人いるが、当時、末の妹はまだ生まれておらず、すぐ下の妹も、そのときはたまたま外に遊びに行っていた。

そればかりか、いつもにぎやかな家なのに、このときに限って近くに誰もいない……。

あの廊下を渡るのは気が進まなかったが、思い切って暗い廊下を走り抜けた。突き当たりにある、トイレの引き戸に嵌《は》まったすりガラスの窓だけが明るんでいる。そこを目指して一目散に駆けていったのだが。

——開かない。

引き戸が開かなかった。「あれ？」と焦ってつぶやきながら、引き戸の把手《とって》に掛けた手に力をこめたそのとき、すりガラスの窓の向こうに、ほっそりした真っ白な片手が下の方からゆぅらりと現れて、内側から窓の縁をキュッと押さえた。

誰か入っていたと思い、「ごめんなさい」と謝って舞衣子さんは廊下を駆け戻ろうとした。

しかし、途端にドシンと祖母にぶつかった。

「何してるの？」

舞衣子さんが騒がしくしたので、祖母はトイレの隣の居間から廊下へ出てきたのだ。

「トイレ。オシッコもれちゃう!」

母屋から棟続きになった工務店の事務所の二階に行けば、トイレがある。父はそこで建築士・設計技師として働いており、母も経理をしていた。伯父や伯母もいる。仕事中は来てはいけないと言われていたが、やむをえない……。

などと考えていたら、祖母が「誰もいないよ」と言った。そして、つかつかと引き戸に歩み寄ると、いともたやすくガラッと開けて「ほらね」とトイレの中を指し示した。

丸みを帯びた三角形のタイルを敷きつめた、普通の家庭用としてはやや広いトイレに、ひんやりした空気が満ちていて、揃えて置かれた緑色をしたビニールのスリッパもびっくりするほど冷たかった。ゾゾッと鳥肌を立てながら、祖母を振り向いた。

「さっきは誰かいたんだよ。おばあちゃん、そこで待っててくれる?」

変だな……と内心、首を傾げつつトイレに入ったが、用を足しながら引き戸の内側を眺めているうち、便器から引き戸まで遠すぎることに気がついた。

工務店の娘である彼女は「一間(約一八〇センチ)もある」と思った。大人でも、あんなところまでは手が届かない。かと言って、床から窓枠の下までは一メートルもないから、窓の下に屈んだら、真下から手を伸ばすのは無理だ。

引き戸のすぐ内側に、仰向けに寝たらできるかもしれないが。

――それでも、開けたときに誰もいないのは変だよね。

便座の後ろにある窓が、にわかに気になってきた。

小さな窓だ。子どもか、うんと小柄な人なら出入りできるかもしれない。

そう言えば、さっきの白い腕はとても細くて、手も華奢《きゃしゃ》だった。

――五歳で死んだ叔父さんかしら。

今は遺影になっているあの子も、この屋敷で育った。そのせいだろうか。誰もいないはずの方角から軽い足音が聞こえるときがあった。

――それとも私の知らない、昔この家で亡くなった人かな。

幽霊という言葉は、日に二度も三度も仏壇に向かって手を合わせている祖父母の背中を眺めるうちに、口にしてはいけないと思うようになっていた。

トイレの明かり取りの窓から数メートル離れた斜め向かいに、古い土蔵があった。

敷地の北側に隣接した土地が少し高くなっていたため、この土蔵の横の壁に沿う形で低い階段が設けられていた。舞衣子さんはじめ、この家の家族は、従業員やお客さんも使う表門を避けて、そこから敷地に出入りすることがよくあった。

ところが、黄昏《たそがれ》どきを過ぎてからこの階段を通ると、土蔵の中に女の姿が現れた。

階段の途中で、ちょうど目線が土蔵の窓と同じ高さになった。窓といっても土蔵によくある高い位置に作った明かり取りの穴のようなもので、目の粗《あら》い蜂《はち》の巣模様の金網が嵌まっていた。土蔵の壁は分厚く、そこから覗いても土蔵の中が見渡せるわけではない。下の方に、黒光りした板張りの床の一部が覗けるだけだ。

そこに、若い女が正座していた。横を向いて、背筋を伸ばしている。

お日さまが高い時刻に見ても、そんな人はいない。

階段の上に立つ街灯に明かりが灯る頃に通りかかると、いる。いつ見ても同じ姿勢で座っているし、従業員にもそんな人はいないので、此《こ》の世の者ではないと思っていたところ、彼女が高校生の頃に、土蔵にお手伝いさんが住んでいたことがあると母から聞いた。

「昔、私たちが子どもの頃に、住むところも身寄りもない女の人をそこに住まわせてあげて、うちで炊事や洗濯をしてもらっていたんだよ」

「土蔵で亡くなったの？」

「さあ……。くわしいことは何も知らない、いつの間にか、いなくなっていたね」

終戦からしばらくの間は、町にはバラックを建てて住んでいる人も多く、親や連れ合いに死に別れて行き場を失った人が珍しくなかったという。

それから一、二年して、舞衣子さんが高校三年生のときに、祖父が亡くなった。

「祖父は八王子で宮大工になり、一代で工務店を興した、皆に愛された人でした」

彼女によれば、昭和時代には八王子の市議会議員を務め、老いてリタイヤしてからも節分になると裃《かみしも》を着けて神社で豆撒《ま》きをしていたというから、町の名士だったに違いない。

葬儀は大々的に執《と》り行われ、彼女をはじめとする肉親よりも、祖父とかつて共に働いた人々の方が嘆き悲しみ、号泣する人が大勢いたので、驚いたとのこと。

最後に会ったのは師走はじめ。危篤の報せを受け、夜、家族と一緒に祖父の病室へ急いだ。到着すると祖父は少し持ち直したと看護師から聞かされた。だが、祖父の意識はほとんどなく、会話ができる状態ではなかった。

舞衣子さんは、病みやつれて別人のようになった祖父の顔を見るのが辛く、廊下にそっと抜け出した。

するとそのとき、どこからともなくオルゴールの音が流れてきて、馴染みのあるメロディーが暗い廊下に溢れた。

有名なクリスマスキャロルだ。ワンフレーズ聴いただけで「もみの木、もみの木、いつも緑よ……」という歌詞がすぐに頭に浮かんだ。

でも、いったいどこで誰がオルゴールを鳴らしているのだろう。そこから見える病室のドアはどれも閉まっており、ナースステーションからも遠いのに……。

人気《ひとけ》のない夜のしじまに哀愁を帯びた調べが響き、演奏を終えると、静かに止んだ。

祖父が息を引き取ったのは、それから三週間以上が過ぎた、奇しくもクリスマスイブの晩だった。

このとき舞衣子さんは旅行中で、臨終に立ち会えなかった。

後で聞いたところでは、祖父は最期に「あーっ」と叫んだそうだ。恐怖や苦痛を感じさせない、むしろ陽気な大声で、生来の明るい人柄を想わせたとか……。

それからまた何年か経って、従姉《いとこ》が「おじいちゃんの最期の声がどこかから聞こえてきたから、お墓参りに行ってきた」と報告してくれた。

舞衣子さんは、従姉が聞いた祖父の叫びは、あの夜のクリスマスキャロルがそうだったように、幻聴などではなく、祖父からのメッセージだと信じているという。

なぜなら、それから間もなく、その従姉が祖父が遺した工務店を継ぐことになったから。

紅い米粒（寺町・日蓮宗妙経寺）

前項「祖父の家」のインタビュイー、舞衣子さんは現在五〇歳。今は市内の会社で電子商取引を担当しているが、若い頃は渋谷区に本社のある別の企業に勤務していた。

そこは映画やコンサートなどのエンタテインメント全般に付随する各種事業を幅広く手掛ける会社で、今から四半世紀前の一九九八年頃のこと、早くもインターネットを利用した映画配信事業計画を立ち上げた。そして、そのシステム構築チームの五人のメンバーの一人に、当時二五歳だった舞衣子さんも抜擢された。

まずは顔合わせを兼ねたミーティングが行われたのだが、始まるとすぐに主要な人物が明らかになった。彼女より五つ年上で、大型バイクで通勤してくる独身男性だ。

ところが翌朝、出勤すると社内が騒然としていて、何かと思えば、彼が昨夜バイクで帰宅途中にベイブリッジで交通事故に巻き込まれて亡くなったのだというではないか……。

そのため、とりあえず今回の計画は保留になった。

しかし、それだけでは済まなかった。次の日には別のメンバーも親が急死して実家に戻り、そしてその翌日には連れ合いが倒れたからと言ってまた一人、休職する運びとなった。

さらに、残る一人の男性も、突然、某新聞社に転職すると願い出たかと思うと、それから一ヶ月もせずに旅行先のハワイで海難事故に遭って行方不明になってしまった。

五人のうち舞衣子さんだけが残ったわけで、薄ら寒い感じを覚えた矢先、彼女のパソコンに、ハワイで行方不明になった彼から《転職のご挨拶》というメールが届いた。

失踪から何日も経過しており、遺体が上がらないからといって生きているとは思えなかったので、「お世話になっております。△△△です。過日ご挨拶させていただきました通り、この度、〇月〇日付で〇〇新聞社に入社しました」といった一斉メールのような文面がかえって不気味だった。

メールを受信した明くる日は土曜日で、気分転換に朝から外出しようとした。しかし直前になって、玄関ドアの横にある飾り窓に誰かが張りついていることに気がついた。

この窓は嵌め殺しで細かな浮き彫り模様が施されているので、つぶさに姿は見えないが、大人の男であるのは間違いない。微動だにせず佇んで、こちらを窺《うかが》っているようだった。

また、逆光になっているにしても全身が暗すぎる。黒いというより、暗いのだ。

そこで、その日は出掛けるのをやめて、翌日、祖父母の代からの檀那《だんな》寺、寺町の妙 経《みょうきょう》寺《じ》を訪ねてお祓《はら》いをしてもらった。

ご祈祷《きとう》の後で、ご住職から小さな紙包みを受け取った。家で飲むようにと言われたので、帰ってから包みを開くと、紅く染めた米粒が三粒か四粒、現れた。

紅い生米を錠剤のように水で飲み下し、包み紙は神棚に上げた。

ご祈祷の前に、ご住職は、今の職場の場所が悪いのかもしれないと言っていた。

たしかに舞衣子さんの部署がある四階には、子どもの霊が出ると噂されていた。

また、このビルは、彼女の会社が移転してくる前は別の企業の社屋だったのだが、件《くだん》の企業がここを売却した理由の一つが、従業員が相次いで自殺したからだと囁《ささや》かれてもいた。

妙経寺でご祈祷してもらったお蔭か、その後は怖い目にも遭わず、無事に済んだ。

一連の出来事から数ヶ月経ったある日の昼休み、急に同僚が「八王子って出るよね？」と話しかけてきた。

「八王子で実家暮らしなんでしょ？　だったら浅川の大和田橋《おおわだばし》は知ってるよね？」

舞衣子さんはうなずいた。大和田橋は、江戸の三大処刑場の一つ、大和田処刑場跡のそばにある橋だ。きっと処刑場の怪談でも聞かされるのかと思ったら、そうではなかった。

「私、昔あの辺りに勤めていたんだけど、夜、大和田橋を渡るたびに、コツコツとハイヒールの足音が後ろをついてきたんだよね。なんだと思う？　ハイヒールを履いた女の人が、あそこで死んだことがあるのかな？」

「さあ、どうかしら。大和田橋といえば、少し前に、うちの祖父の七回忌法要をしたとき、お斎《とき》の席でご住職が、大和田橋の近くで工事中に人骨が掘り出されて、ご供養してほしいと乞《こ》われたのでお経を上げに行ったと話していたけど……」

これは本当のことだったが、女性の骨だったかどうかはわからないし、ご住職は、非常に古い骨のようだったと言っていたので、ハイヒールを履いていたとは思えない。

そう話すと、同僚は何やら少し落胆したようすだったが——。

「でもね、そのとき、ご住職の真向かいに座っていた父の食前酒のグラスがスーッと二〇センチぐらい動いたの」

たとえば味噌汁が入ったお椀の糸底が濡れていると、平らなテーブルの上で滑るように水平移動する。これは、糸底の中の空気が熱で膨張したことによる自然現象だが、どこも濡れていないグラスが動くのは不思議である。

「そのときの食前酒は常温で、結露してもいなかった。だから私たちは驚いたわけ。でも、ご住職は落ち着いて、こういうこともありますよっておっしゃった」

——そう、此の世には、人智では、どうにもならないものがある。

四人の仲間が大なり小なり不幸に見舞われた件についても、理屈はさておき、飲み下すしかないのだと、彼女はこのとき同僚と会話しながらあらためて悟ったのだという。

製紙工場があった頃（浅川・大和田橋北詰）

一九四五年という終戦の年に生まれた勝治《かつじ》さんにとって、大和田橋の辺りは想い出深い場所である。

母が空襲の折に大和田橋の下に隠れて難を逃れたと話していたし、彼が物心ついた頃から中学校に上がる頃まで、父が橋の北詰付近にあった製紙工場で働いていたからだ。

九〇年代の終わり頃に、大和田橋の改修工事が行われた。その際、歩道に残る焼《しょう》夷《い》弾《だん》の跡をカラータイルで強調したり、透明板で覆ったりして、戦跡を後世に伝える工夫が凝らされた。全部で一七ヶ所も弾痕があるという。

そこを通るたび勝治さんは母の命を救ってくれたこの橋に感謝してきたが、最近になり、製紙工場にかつてあった大和田刑場跡の慰霊碑がここの南詰の近くにあると知って、子どもの頃に父から聞いた不思議な話を記憶に蘇らせた。

戦後しばらくして製紙工場が建ち、大勢の工員がいっぺんに雇われた。彼の父もそのうちの一人だったわけだが、採用から半年も経たないうちに同僚がバタバタと辞めてしまった。なんでも、工場の大煙突から転落死する者が相次いだり、原因不明の小火《ぼや》があったりしたため、祟りを恐れる者が続出しているとのこと。

工員が煙突に登る理由はない。自殺かと思われたが遺書はなく、また、その日の昼まで元気で食欲も旺盛だったので、一人だけでも奇妙だったのが、二人目、三人目と同様の死に方をした。だから「次は俺の番かも……」と同僚たちが怯えるのも無理はなかった。

その他に、命を取られないまでも操業中に怪我をする者がポツポツと現れるうちに、なぜか事故が起きるのは毎回二八日で、そういえば大煙突から人が落ちたのも二八日前後だったと、みんなが気がつきはじめた。

勝治さんの父は豪胆な人だったが、仲良くしていた同期の工員が一一月二八日に工場敷地内で車に轢かれて重傷を負うと、流石《さすが》に怖くなったようで、御守りを貰ってきてくれと母に頼んだ。そこで母が大和田町の寺に行って住職に相談したところ、御守りを売るのは雑作もないことだが、あの工場は大和田処刑場の跡地に建っているから、しっかりとご供養しないと今後も障《さわ》りがあるだろうと言われた。

そんなことがあった翌年のはじめ、勝治さんが小四のときに、工場主が敷地内に大和田刑場跡の慰霊碑を建立してくれた。二月二八日に慰霊祭を催して、慰霊碑をお披露目し、以後は毎月二八日を受刑者の供養と安全点検の日と定めた。

「その後は事故がなくなったと父から聞きました。一度、工場に遊びに行ったときに、私を慰霊碑に案内してくれたことがあります。南無妙法蓮華経と刻まれた立派な石碑で、花やミカンが供えてありました」と勝治さんは言って、なぜあの慰霊碑を元の場所から移してしまったのだろうと嘆いた。

「もったいないことをするものです。バブルの頃に巨大なマンションやホテルが建ちましたよね。もうその頃には、慰霊碑の存在が忘れられていたようで……。鈴ヶ森《すずがもり》などは、処刑場跡をきちんと保存して、今も供養を欠かさずしていますよね？」

たしかに、南の鈴ヶ森刑場、北の骨ヶ原《こつがはら》こと小塚原《こづかはら》刑場、西の大和田処刑場は、江戸三大刑場と呼ばれ、鈴ヶ森には供養塔が、小塚原には首切り地蔵がそれぞれ建てられ、今日まで供養が続けられている。

製紙工場の構内にあった慰霊碑は、鈴ヶ森刑場跡の供養塔と同じく、いわゆる題目供養塔と呼び称される種類のものだったに違いない。

これを移してしまったせいだろうか――大和田刑場跡地にできたマンション群やホテルは心霊スポットとして知られている。

もっとも、今あるマンションやホテルをとがめるのも筋違いで、それらができた八〇年代のバブル景気時代より二〇年以上前に当地の工場は閉鎖、ほどなく跡地が整地されて、そのとき慰霊碑も撤去されたようだ。さらに、土地が東西に分割され、まずは西側にラヂエーター工場が建ち、東側は空き地になっていた時期もあった。

いきなりマンションなどができたわけではないのである。


勝治さんは中学生の頃に、大和田橋近くの浅川河川敷で友人たち二人と花火で遊んでいたところ、正体不明の男に「コラーッ」と叱られたことがあるそうだ。

「夏休みがもうじき終わるという頃で、仲良しの二人がうちに泊まったのです。その夜は、夕飯の後、河川敷で花火をすることに……。友だちの一人が花火セットの大きなのを持ってきたので、うちでバケツと蝋燭、マッチを用意して、夜の八時ぐらいから花火をやっていました」

一〇分か一五分ほど遊んでいたところ、橋脚の方からダミ声で怒鳴《どな》られた。

「驚いてそっちを見ると、雑草を掻き分けて黒い人影がこっちへ来るところでした。でも、目鼻や服装が見分けられないほど全身真っ黒すぎて変だったので、三人で慌てて逃げました。声は中年のおじさんだったけど、あれはオバケだと今でも思っています」

八王子城奇談
（八王子城跡とその周辺）

日本一〇〇名城の一つ、八王子城は、戦国時代の武将・北条氏照によって標高四六〇メートルの深沢山《ふかさわやま》の頂上に築かれた山城だ。

一五八二年から一五八七年頃に築城されたと言われているが、一五九〇年六月二三日、天下統一を志す豊臣秀吉《とよとみひでよし》方の武将・前田利家《まえだとしいえ》や上杉景勝《うえすぎかげかつ》らの軍勢によって落城した。

城主の氏照は小田原北条氏の第三代目当主・氏康《うじやす》の三男で、この日は豊臣勢との小田原合戦のために小田原城へ兵四〇〇〇人を率いて馳《は》せ参じていた。

いわば留守中の惨劇。八王子城では籠城《ろうじょう》していた約三〇〇〇人が豊臣勢によって殺害、あるいは自刃したが、その多くが職人や百姓などの領民や婦女子で、訓練された兵や家臣はわずかだったという。そして氏照もまた、小田原城での三ヶ月にわたる籠城戦の末に敗北、豊臣秀吉から兄・氏政《うじまさ》と共に切腹を言い渡された。

辞世の句は「天地《あまつち》の 清き中より 生まれきて もとのすみかに 帰るべらなり」。

北条氏照は笛の名手で、風流を愛し、詩歌に長ける秀才だった。廿里古戦場や八王子城、高尾山、浅川など景勝地の他、絹の生産が盛んな八王子の里などを詩的に表した《八王子八景》――「八王子城の秋月」「桑都《そうと》の晴嵐《せいらん》」「高尾の翠靄《すいあい》」「山田の落雁《らくがん》」「水崎の夜雨」「浅川の帰釣《きちょう》」「十十里《とどり》の暮雪」「大戸の晩鐘」――の作者としても知られている。

尚、現在の八王子市文化財課が管理する八王子城跡は、氏照が権勢を振るった一六世紀の当時より範囲が狭い。かつて死屍累々《ししるいるい》となった遺構は、ある部分は周辺の住宅地や霊園に埋《うず》もれ、またある部分は自然発生した崩落や林道などの整備によって失われた。

氏照と家臣たち

洋一さんは拙著『八王子怪談』の読者さんで、この本に触発されて、今年の一月半ばに初めて八王子城跡を訪れた。

ご記憶されている方もいると思うが、今年の一月六日は都内でも珍しく雪が積もった。ことに八王子市は都心部より気温が低く、また八王子城跡の辺りは標高が高いため、一週間ほど経ってもまだ山肌のそこかしこを残雪が白く染めていた。

しかし冬休みの時期の日中だったせいか、親子連れの姿が多く見られ、仄暗《ほのぐら》い怪談の世界を期待していた洋一さんは肩透かしを喰らったように感じてしまった。

モダンで快適なガイダンス施設は言うに及ばず、御主殿跡の広場や有名な心霊スポットの御主殿の滝にも陽気な人々が集っていた。北条氏照が八王子権現を祀った八王子神社へ向かう参道はそれなりに険しい山道で、境内も雪で足もとが悪かったのに、そこにもやっぱり楽しそうな見物客が何人もいた。

少し落胆しながら参道を下っていると、途中で脇道があることに気がついた。

分岐点に「管理棟」と書かれた看板が立っている。この看板が示す方向に、来るときにそばを通りすぎた城跡の管理事務所があるのは間違いがなかった。

では逆の方には何があるのか。そちらの案内は出ていない。

……そっちは誰も歩いていない。手入れの悪い、泥だらけの小径《こみち》だ。

興味を惹かれてその道へ足を踏み入れた。

木立ちを抜けて進んでいくと、間もなく《小林家震災死者慰霊祭之碑》と記した大きな石碑の前に出た。小径はここで行き止まりだ。

石碑の台座に子どもが好きそうなミニカーが七、八台も横一列に並べられている。どのミニカーも塗装も剥《は》げておらず、新しそうだ。一方、慰霊碑は見るからに年季が入っている。

震災とは、大正時代の関東大震災のことだろうか。ミニカーは最近誰かが供えたようだから、子孫が供養に訪れたのかもしれない……。

分岐点まで引き返し、あらためて参道を降りた。

そのとき背後から視線を感じた。振り返ったが誰の姿もなく、ただ、ザザザザザザッと藪《やぶ》を掻き分けるような音がした。

咄嗟《とっさ》に左手首の数珠《じゅず》を意識した。彼は普賢菩薩《ふげんぼさつ》を信心しており、梵字《ぼんじ》で真言《しんごん》を刻んだ黒《こく》檀《たん》の数珠をいつも身に着けていた。

普賢菩薩の真言を唱えれば、災難を避けられると言われている。

「オン・サンマヤ・サトバン」

真言を唱えて、さらに心の中で「何も憑《つ》いてきませんように」と念じた。

それからしばらく振り返っていたが、もう怪しい音や気配はしなかった。

……怪談の雰囲気を愉しもうと思っていたけれど、いざとなると、やっぱり怖いものだ。

そろそろ大丈夫そうだと思い、次に北条氏照と家臣の墓へ向かった。

八王子城跡の近くに立っていた標識の矢印に従って歩いていくと階段があり、上っていった先の広場に、幾つかの供養塔と説明板が設けられていた。

説明を読むまでもなく、あれらの供養塔が氏照たちの墓であることは明らかだったが、それよりも濃厚な線香の匂いが気になった。おまけに、妙にこの辺りだけ空気が生温かい。

都会の雑踏、あるいはラッシュアワーの電車の車内で感じるようなムッとする温度と湿り気が、供養塔に近づくにつれて線香の匂いと共に高まっていく。

だが、近づいてみたら、どこにも線香など見当たらない。

もとより辺りは森閑《しんかん》として、見物客の影すらないのだ。

いったいどういうことだ？

説明板によれば、真ん中の供養塔は北条氏照の墓で、左右を家臣の中山家範《いえのり》と家範の孫で水戸《みと》藩の家老・中山信治《のぶはる》の墓が守っている。氏照と家範の墓は、信治が氏照の百年忌を祈念して建てたそうだが……。

なんだ、この線香の匂いは。そして変に暖かいのも、断じて気のせいではない。

その匂いと温気《うんき》は、供養塔の後ろから来るようだった。氏照と家臣の墓の背後を覗くと、ゆるやかに下っていく山の斜面に、墓石や石仏が一〇基以上も点々と散らばっていた。

雪解けの水でぬかるんだ斜面が、大勢に踏み荒らされたようにも見えた。

彼は氏照の供養塔の前に立ち、線香と百円ライターをリュックサックから取り出した。

線香は、真新しいものを、紙筒のまま持参してきた。ライターにはガスが充分に残っており、今朝、家を出る前に点火できることを確かめたばかりだ。

しかし、ライターの火が点かない。

辺りは空気がゼリーのように凝固しかけたかのような無風状態だ。従って着火はする。ところが、線香の束を近づけた途端、炎が火口に吸い込まれて消えてしまうのである。

何度試しても同じことだった。

いよいよ線香の匂いは濃密に垂れ込め、人肌のぬくもりも四方八方から押し寄せてきた。相変わらず誰もいないのに。……いや、氏照と家範たち、そして彼らの墓の後ろに散らばった一群の人々が、つまり幽霊の一団が……いるのではないか？

「オン・サンマヤ・サトバン」と彼は再び真言を唱え、さらに大声で般若心経も唱えながら、火が点かなかった線香を氏照の墓の前に置いた。

するとたちまち辺りに漂っていた匂いが薄らぎ、本来の冷たい空気に全身が押し包まれた。

囁く女怪《にょかい》

二月の末に、洋一さんは再び八王子城跡へ行った。今回は登山が目的である。彼は山が好きで、月に一、二度は山歩きしており、足腰の強さには自信があった。

最初に陣馬山《じんばさん》に登って、そこから高尾山の北側にある北高尾山稜を縦走し、堂所山《どうどころやま》を経て八王子城跡へ向かう、約一四キロのコースを組んだ。

午前一一時すぎに陣馬高原下バス停を出発して、快調に進み、午後三時頃には、北高尾山稜のちょうど中間地点にあたる黒ドッケという小山の頂上に着いた。富士見台まで二・九キロ、八王子城山まであと四・三キロと記した標識がある。ゴールまで、あと一息だ。

ここへ来た記念に標識の写真を撮って、後でSNSに投稿しよう。そう思いついて、標識に向かってスマホを構えたところ、耳もとに吐息が吹きかけられた。

……と、同時に「ねぇ」と問いかけるような女性の声が鼓膜《こまく》をくすぐった。

思わず跳び上がり、転びそうになりながら振り向いたが、誰も居ない。

しかし体が接触しそうなほど間近に、女体の気配を生々しく感じた。

本能的に後退りすると、また「ねぇ」と女の声が耳もとに囁きかけてきた。

落ち着いた甘やかな声色だ。艶《なま》めかしい姿態が頭に浮かぶ。でも姿は見えない。

彼は悲鳴をあげて無我夢中で駆けだした。

すぐに丸太に道を塞がれた。木の伐り出し作業に使う道、つまり林道に入り込んでしまったことを悟り、引き返さないとまずいと直感した。

ところが、立ち止まるや否や間髪を置かずに「ねぇ」と囁かれた。それでギャッと叫んで再び走りだし……。そんなことを繰り返すうちに、山奥へさまよい込んでしまった。

スマホは電波が入らず、リュックに入れてきたはずの方位磁石も見つからない。

完全に迷子である。日が翳《かげ》りはじめたのを感じて、腕時計で時刻を確かめたら、午後四時だった。すでに一時間も山の中を走りまわっていたのだ。じきに暗くなる。

熊は冬眠中だが野生の猪《いのしし》は気が荒い。モノノケも怖いが、山の獣も恐ろしい。

膝が震えだし、絶望で目の前が暗くなってきた。道端の木の根もとに腰を下ろして、「オン・サンマヤ・サトバン」と普賢菩薩の真言を唱えてみたが、心細さは去らなかった。

そのうち、あることに気がついた。女の声を最初に聞いた辺りからここまでの随所で、石垣の材料のような、切り口が平らな大きな石をたくさん見かけていたのである。現に今も、目の前にそんな石が落ちている。

これは、ひょっとして八王子城を造るときに出た廃石ではあるまいか？

もしもそうなら城跡が近い。

残っていた体力と勇気を奮い起こして再び歩きはじめた。引き返すことも考えたが、あの「ねぇ」という声の主が待ちかまえているような気がしたので、前へ進んだ。

どれほど歩いたか……。急に視界が開けたかと思ったら、狐塚峠《きつねづか》という標識が目に飛び込んできた。八王子城山まで三キロと記されている。安堵のあまり彼は泣いた。

八王子城跡に着いたときには午後六時で、すでにとっぷりと日が暮れていた。

およそ七時間も歩いた次第で疲れ果てていたが、帰宅してからも「ねぇ」という囁き声が耳に木霊《こだま》していて、その晩はなかなか寝つけなかったという。

いにしえに還《かえ》る

舞衣子さんの実家は工務店で、祖父の代からの宮大工の家でもあり、八王子城跡の改修工事を担ってきた。ことに、落城四〇〇年の節目であった一九九〇年には、冠木門《かぶきもん》や石垣などの大規模な修繕を請け負った。

しかし、なにしろ場所が場所なので、着工前に従業員一同で厄除けの御祈祷を受けた。すると実家の従業員は全員何事もなかったが、臨時雇いの業者さんが、現場入りからいくらも経たずにおかしくなった。

奇声を発したり、ぼんやりと立ち尽くしたり……。ともかく正気とは思えないようすだから、仕方なく仕事を下りてもらい、新しく雇った人たちには御祈祷を受けさせた。

すると今度は誰も変にならず、無事に作業を進めることができた。

舞衣子さんは、この話を実際に八王子城跡の修繕に立ち会った従姉から聞いた。

「やっぱり……と私は思ったんですよ」と彼女は言う。

「八王子城山に近づけば近づくほど、景色が古ぼけてきますからね」

私は「景色が古ぼけるとは、どういうことですか？」と彼女に訊ねた。

すると彼女は「今の景色に二重写しになって、昔々の風景が見えてくるんです」と答えた。

遥かな時の彼方にあるはずの、在りし日の山城や北条家の領民の里が、つまり戦国時代の風景が立ち現れてくるというのだ。

「あんなのを見せられたら、精神のバランスを崩してしまうのも無理はありません」

デリート

蓮二《れんじ》さんの趣味はドライブ。その日も愛車の助手席に友人を乗せて、多摩方面へ遊びに行った。湖や温泉で楽しい時間を過ごしたその帰り道で、八王子城跡の山の下を潜る圏央道城山八王子トンネルに差し掛かったときのこと。

それまで饒舌《じょうぜつ》だった友だちがトンネルに入って間もなく、急に黙りこくった。

「どうした？」と蓮二さんが訊ねると、「後ろに座っている」と震え声で答える。

「後部座席にいるよ！　バックミラーで見たらわかるよ」

蓮二さんは怖くて見られなかった。

早くトンネルから抜け出したい一心で、アクセルを強く踏んだ。

一方、友だちは両手をシュッシュと素早く動かしはじめた。「何それ？」と訊くと「陰《おん》陽《みょう》道《どう》の九字だよ！」という答えが返ってきた。

「え、おまえ陰陽師なの？　凄いな！」

「違うよ。見よう見まね……じゃ、やっぱ駄目か！」

友は絶望的な声をあげ、「車から出ていかない！」と蒼白な顔で泣きだした。

しかし、トンネルを抜けると、それはあっさり出て行った。

それと同時に、トンネルにいた間の友人の記憶も消えてしまった。

後部座席に乗ってきたのはどんな姿をした化け物だったのか、蓮二さんが質問しても、友はまったく答えられなかった。それどころか「そもそも、トンネルなんか通ったっけ？」と首を傾げるばかりだったという。

キモダメシ？

八王子方面でケーブルテレビの番組制作に携わっていた徹《とおる》さんによれば、一〇年ほど前、制作部のスタッフが八王子城跡を取材中に消息を絶ってしまったとのこと。

警察が捜索しても発見できず、未だに行方がわからないというので、そんな神隠しのような事件があったなら、どこかに記録が残っているはずだと私は考えた。

しかし、諸事情あって報道されなかったようで、ネット検索ではヒットしなかった。

そこで警視庁の身許不明死者情報ページで八王子城山周辺で発見された遺体の公開情報をリサーチしたものの、該当する死者は見つけられなかった。

余談になるが、このリサーチの結果、近年の八王子市では高尾町の山間部で遺体が発見される身許不明者が多いことがわかった。廿里町、裏高尾町もちらほら目についたが、ようするに高尾山周辺だ。

ともあれ、それらしき身許不明の死者は発見されていないという見込みが立った。

だから、その方については、まだどこかで生きていらっしゃる可能性がある。

しかし、同じく八王子城跡でいなくなり、後に別の場所で亡くなっていたことがわかった、こんなケースもある。

一九九〇年というから、三〇年以上前の出来事だ。その夏、八王子城跡に肝試しに行った大学生のグループ五名のうち、一名の行方がわからなくなった。

彼は八王子城跡まで原付バイクに乗ってきていた。他の四人は普通自動車で来た。

到着したのは零時過ぎ。その頃は夜間も駐車場が開放されていた。乗り物を停めると、各々、持参した懐中電灯で周囲を照らしながら城跡の中を歩きまわりだしたが、御主殿の滝までやってきたとき、彼は突然、体調不良を訴えた。

「貧血かな。頭がくらくらする。気分が悪いから駐車場に戻って待ってるよ」

彼は二〇歳で、日頃は風邪もひかず、滅多なことでは弱音を吐かない性質だった。

よほど具合が悪いに違いないと四人は大いに心配した。そこで、ある者は駐車場で一緒にいてあげると言い、またある者は肝試しを中止してみんなで帰ろうと提案した。

けれども彼はそういう申し出を「いいから、いいから」と強引に断って、とぼとぼと道を引き返していった。

それからも四人で一〇分ぐらい真っ暗な城跡を探検したが、やはり、みんな彼のことが気がかりでたまらず、途中で切り上げて駐車場に戻った。

すると、彼の原付バイクがどこにも見当たらない。

スマホや携帯電話があれば、すぐにも連絡を入れるところだが、当時はポケベルの時代だった。彼らの仲間内では、メッセージ機能つきの最新式のポケベルが流行《はや》っていた。

ちなみに漢字や平仮名も送信できるポケベルは、まだ発売されていなかった。また、ポケベル単体でも受信はできるが、送信には固定電話を用いる必要があった。

城跡の管理事務所のそばの公衆電話を利用して、なかの一人が彼にメッセージを送った。

「ダイジョウブ？　イマドコ？」

四人は、しばらくその場で待った。彼から返信があった場合、その後メッセージをやりとりするためには、公衆電話のそばを離れない方がいいからだ。

しかし、待てど暮らせど返信がない。やがて四人はしびれを切らして引き揚げた。

自宅に帰ったのだろうと誰しも思っていた。

だが原付バイクの彼は下宿に帰っておらず、乗っていたバイクごと行方不明になり、それから約一年後、北関東の彼の実家近くの山林で遺体が発見される結果となった。

失踪から間もなく首吊り自殺をした形跡があり、遺体の近くで藪に埋もれていたバイクは無傷、財布やポケベルも盗られていなかった。

そのため警察では事件性はないとされた。

実は、彼は、八王子城跡から失踪した翌朝、昨夜メッセージを送った仲間に「タスケテ」と返信をよこしていた。また行方をくらます理由もわからなかった。

従って何か事件に巻き込まれたのではないかと家族や友人一同は考えたのだが、警察は最初から家出と決めてかかり、取り合ってくれなかったのだ。

彼から「タスケテ」というメッセージを受信したポケベルの持ち主――この話のインタビュイーさん――は、彼の死を知らされてから無力感に囚われてしまったのだという。

無理もない。直接、助けを求められたのだ。あのときなら間に合ったかもしれないと思わずにはいられなかったに違いない。

もう手遅れ。何もできることはない。そうわかっていても、彼の遺体発見現場を訪ねたのは、いてもたってもいられなかったせいだった。

寂しい冬枯れの山麓に、彼の両親が供えたと思しき、黄色や紫の菊の花束が、毒々しいほど鮮やかに映えていた。持ってきた小さな花束と彼がよく飲んでいた缶ビールをその横に置いて、静かに手を合わせた。

そのとき、再び彼からメッセージがポケベルに届いた。

「キモダメシ？」

見た瞬間、全身に鳥肌が立ち、思わずポケベルを放り出してしまったとのこと。

「そのとき彼が亡くなった北関東の山の中に行ったのは悼《いた》むためであって、肝試しなんかじゃありません。でも、死んでしまった彼からは、そんなふうに見えたのかも……」

あまりにもお気の毒で、「まさか」と私は打ち消した。

「きっと彼は冗談のつもりだったんですよ。あなたが深刻に悩んでいるので、からかったんだと思います。生前の彼は愉快な人物だったのではありませんか？」

「ええ。彼は本当に好いヤツでした。だからこそ私は今でも後悔しつづけているんです。なんで一人で駐車場に戻らせたんだろう。八王子城跡で昔たくさん人が死んだことは知っていたのに、どうして肝試しなんかしたんだろう。……彼はきっと引っ張られたんだ！たまたま何かの波長が合ってしまって！　そう思いませんか？」

異界のとば口

真夕美《まゆみ》さんと親友のAさんは、四〇歳を過ぎて〝遠足〟にハマった。

同年輩で、二人とも学齢期の子どもを育てており、どちらの家も横浜線の沿線にあり、元気で活動的な性質。そしてAさんは古墳や寺社など信仰や神話に由縁《ゆえん》があるパワースポットに関心があり、真夕美さんは歴史を感じさせる名所旧跡が好きだった。

幸いパワースポットと呼ばれる場所には名所旧跡が少なくない。

しかし、子どもたちが学校に行っている朝の八時半頃から夕方までの限られた時間に、あまりお金をかけずに行って帰ってこられる場所は限られる。

だから、幼稚園や小学校低学年の〝遠足〟に似た小旅行がちょうどよかったのだ。

彼女たちは、一ヶ月か二ヶ月に一回、計画を立てて関東近郊の名所に出掛けた。鎌倉の大仏や古寺、浅草寺や神田明神、明治神宮、深大寺《じんだいじ》——そして、高尾山と八王子城跡。

高尾山は紅葉が見事なことでよく知られている。そこで一一月下旬の紅葉シーズンを選び、平日の朝から電車を乗り継いで、高尾山口駅へ向かった。

午前中は高尾山に費やし、午後から八王子城跡を見物する予定だった。

時間的な制約があるから、高尾山では険しい登山道を避けて、ケーブルカーやリフトをできるだけ利用した。さる園や売店もパスしてしまったが、それでも、輝かしい錦繡《きんしゅう》の山景色や神秘的な薬王院《やくおういん》を見物できて満足した。

下山後、コンビニで弁当と飲み物を買い、正午過ぎに八王子城跡に到着した。

まずはガイダンス施設に立ち寄った。だいたいのことがわかればよいので、一五分程度で展示を見終えて、マップ付きのパンフレットを手に入れ、いよいよ城跡に足を踏み入れた。

「あら、もう一時だ。座れる場所を見つけ次第、お弁当を食べちゃいましょうよ」

「そうね。……あ、あそこにベンチがある」

そこは一見、ただの広場だった。芝生の空間を囲む林の木陰に、乾いて清潔そうなベンチが幾つか置かれ、草野球ができそうな面積を有している。

だが、よく見れば《御主殿跡》と標示された説明板が立てられており、地面のところどころには遺構のレプリカらしき石が据えられて、奥の方には露天の舞台も設けられていた。

「御主殿跡だって。じゃあ、お城の女性たちの血で三日三晩、水が赤く染まっていたっていう御主殿の滝から近いのね」

「やあね。血だなんて……。食事どきの話題じゃないよ」

「でも有名な話よ？　もっとも山の下にトンネルができた頃から肝心の滝の水がほとんど涸《か》れて、人工の水路みたいになって、怖い感じが薄らいだという噂だけど……」

初めは何事もなかった。

大きな青空に鳶《とび》が鳴きながら輪を描いていた。木立ちは深く静かで、大気は干し草の芳しい香りがし、ここは本当に都内なのかと疑いたくなるような長閑《のどか》な景色だった。

異変に気づいたのは、ベンチに並んで弁当を食べだしてからだ。

後ろから視線を感じて、人が何人か接近してくる気配がした。

しかし真夕美さんより先に、Aさんが背後を振り向いた。

「いるよね?」

真夕美さんも後ろを向いて、確かめた。

「いる。何人も、集まってきたね」

――二人とも少し霊感があるのだった。

お互いそのことを知っていたので、こういう会話をすることは珍しくなかった。

「取り囲まれてる感じがしない?」

「する。落城した当時の人たちかな? 悪意は感じない」

「うん。好奇心……? 私たちを、ちょっと見にきただけだと思う」

平日の昼間とあって、城跡に入ってから、ほとんど人を見ていなかった。

真夕美さんは、これから飲もうと思っていた緑茶のペットボトルを開けると、姿のない者たちに向かって「お茶どうぞ」と勧めながら、ベンチの端に置いた。

食後、「残りは私がいただきますね」と言いながら、ペットボトルに口をつけてお茶を飲んだ。ボトルの中身が少し減って軽くなっているのが不思議だった。

御主殿の滝を見に行ったが、ベンチの後ろにいた人々の気配はついてこなかった。

「基本的に、もう成仏されているんだと思うなぁ。全然、嫌な感じがしないもの」

「あとは八王子神社を見て、お終いにしない？　秋の日は釣瓶《つるべ》落としって言うから」

真夕美さんが、ガイダンス施設で貰ったパンフレットを広げてマップを眺めだすと、Aさんも横合いから覗き込んだ。

「ふうん……。お城の本丸跡って八王子神社の近くなのね」

「山城の本丸は、たいがい山の頂上に建てるものじゃない？」

八王子神社こそが、八王子市の名の由来となった、牛頭天王《ごずてんのう》の八眷属《けんぞく》にまつわる縁起発祥の地で、見逃す手はないというのがAさんの意見だった。

パワースポット巡りを嗜《たしな》むには、各スポットに伝わる神秘的な逸話の蒐集が欠かせない。

Aさんは、ここぞとばかりに熱弁を振るった。

「朱雀《すざく》天皇の時代に、妙行《みょうこう》さんという徳の高い京都の学僧が全国行脚の修行をしていて、ここ深沢山に立ち寄ったときに、夜、突然雷鳴が轟《とどろ》いたかと思うと、化け物の群れに襲われたんですって。最後は大蛇にぐるぐる巻きにされたんだけど、少しも怯《ひる》まず読経していたら、牛頭天王が八人の眷属を率いて降臨して守護を約束したとか……」

「じゃあ、その八人の眷属が八王子というわけ？」

「そうね。でも近江《おうみ》にも八王子山や八王子権現があるそうだから、なんとも言えない。だけど、今から一一〇〇年以上前に妙行がここで八王子信仰を広めはじめたのは本当だよ」

妙行は九一六年（延喜一六年）に天王峰と定めた深沢山と八王峰とした周辺の八つの山に、牛頭天王と八王子を祀る祠《ほこら》を建てた。

さらに翌年には、深沢山の麓に寺を建立。やがてこの功績が京の都に伝わり、朱雀天皇より妙行に華厳《けごん》菩薩の称号と牛頭山神護寺《ごずさんじんごじ》という寺の扁額《へんがく》が下賜《かし》された。この牛頭山神護寺が現在も八王子城山こと深沢山の麓にある宗閑寺《そうかんじ》の前身であり、八王子発祥の地なのだ。

「……だからここに築城した北条氏照が、八王子権現を城の守護神にしたのは、理に適《かな》っていると思う。八王子を統《す》べるわけだからね」

「でも戦に負けちゃったんだね」

「残念だよね。氏照は文武両道のインテリで、当時としては高尚な趣味の持ち主だったそうよ。笛の名手だったとも言い伝えられていて、八王子城の出土品には外国から渡来したベネチアングラスの壺や絵皿もあるんだって」

会話を交わしながら小径を辿《たど》るうちに、古びた管理事務所の前に着いた。

平屋の粗末な建物だが、二〇一二年にガイダンス施設が開設する前は、八王子城跡の案内所はここだけだったという。

改修前なら今回のような気軽な物見遊山に適していたかどうかわからないと真夕美さんは思った。見学用の小径は平らにならされ、滑り止めの工夫もされている。

城跡内の標識も新しく、道に迷う心配がない。標識の矢印に従えば、管理事務所の脇を通過した先に、八王子神社の登拝口があるはずだった。パンフレットに掲載された写真には、歳月を感じさせる黒ずんだ木の鳥居と神社の登拝口が写っていた。

山道が神社の参道になっているのだ。登拝口に一の鳥居が建っている。そこからお社《やしろ》まで片道四〇分ほどらしい。二人すれ違うのがやっと、という土の小径だ。

やがて一面、視界が金色に明るんだ。

真夕美さんは思わず息を呑み、Aさんは「わあ」と歓声をあげた。

この辺りは銀杏《いちょう》の大木が多い。黄葉した落ち葉が分厚い絨毯となって、地面を覆い隠していたのである。まるで地面が黄葉して、ほのかに輝いているかのようだ。

しかし間もなく、二人は、鳥居の向こうが暗黒に閉ざされていることに気がついた。

午下《ひるさ》がりの秋の陽を照り返す落ち葉が、足もとから鳥居まで続き、登拝口でふっつりと途絶えている。パンフレットにあった土ぼこりの参道が、ない。

山の樹々が微《かす》かな風を受けて梢《こずえ》を揺らしていた。参道だけが、ない。

まるでブラックホールだ。真っ黒な異世界のとば口がそこに開いていた。

隣でAさんが「こんなことって」と皆まで言わず絶句した。

Aさんも同じ光景を目にしているのだとわかり、真夕美さんは「やめよう」と言った。

「もう帰ろう。今日は来ちゃいけないって神さまに言われてるんだよ」

真夕美さんとAさんは、夕方までに家に帰り、それぞれの日常を再開した。家族の夕食をこしらえて、家族と食卓を囲み、風呂を沸かした。家事とも呼べない細々した雑用をテキパキと片づけた。子育てをしていると、そういうものがいくらでも湧いてくるものなのだ。

くたびれはてて蒲団《ふとん》に潜り込んだときには、子どもたちと夫はとうに寝静まっていた。真夕美さんも、すぐに眠りのなかへ引き込まれた。

明け方、枕もとを歩きまわる軽い足音を夢うつつに聞いた。目を閉じたまま耳をそばだてていると、少し遠ざかっては、また近づいてくることを繰り返しているようだった。

——子どもが目を覚ましたんだわ。私に何か話したいことがあるの？　それとも、そろそろ起きる時間？

引き潮のように眠気が去りはじめ、そろそろ目を開けようかという刹那《せつな》、掛け蒲団の上に出ていた右手の手首を、キュッと掴《つか》まれた。

指の先までふわりと柔らかな、優しい手だった。下の娘を思い浮かべながら、反射的に掴まれた辺りを見やったけれど、そこにいたはずの誰かは、手首を掴む感触ごと消えていた。

昔語り ――八王子城伝承――

八王子城の落城に伴う伝説で、もっともよく知られているのが《赤まんま供養》だ。
――曰く、落城の折に自刃した女御衆の血潮が御主殿の滝に流れ込み、麓の城山川の水が三日三晩赤く染まった。川辺に住まう人々は水が澄むのを待って、再び煮炊きに使おうとしたが、なぜか米が赤飯のような赤いまんま（飯）に炊きあがる。これは氏照の正室をはじめとする亡き女たちの怨みのしわざに違いないと村人たちは考え、霊を鎮《しず》めるために赤飯を炊いて供養したところ、赤まんまの怪異が止んだ。だから、山の麓の元八王子の辺りでは落城の日の六月二三日には赤飯を炊いて八王子城の死者を悼んできたというのである。

他にもあるので、幾つかご紹介したい。

《布姫と湯殿川》――北条氏照方の武将・近藤出羽守には布姫という一七歳になる娘がいたが、合戦の際、燃え落ちる御主殿の火に焼かれて瀕死の重傷を負った。美しかった顔は無惨に焼けただれ、命が助かる見込みもない。せめてこの化け物のような姿を人目に晒《さら》さずにすみますように、と川辺の御宮に祈りながら川に身を投げた。すると川の水が濁って姫の亡骸を隠し、以来、この川は淀み川転じて湯殿川と呼ばれるようになったという。

《五人比丘尼《びくに》の祟り》——八王子城には五人の比丘尼がおり、合戦から逃れて下長房の中郷まで落ち延びたが、前田軍に捕らえられて惨《むご》たらしい最期を遂げた。五人の怨みは深く、塚を建てて寺の住職が供養したぐらいでは鎮まらなかった。幽霊となって出没しつづけ、いつしか塚のある一帯が「祟りヶ原」と呼ばれる荒れ野原となり果てた。

しかし数十年も経つと、五人比丘尼の祟りは忘れ去られた。やがて南浅川の地主がこの土地に目を着けた。良い畑になりそうだ……と、怪談めいた言い伝えなど歯牙《しが》にもかけず比丘尼を祀った塚に鍬《くわ》を入れたところ、突然、雷に打たれて亡くなってしまった。

《笛と琴》——六月二三日に落城した八王子城跡には、毎月二三日の夜になると笛の彦兵衛の霊が現れて笛を吹く。里ではこれを、聞けば幸せになる「二三夜の笛」と呼んだ。

笛の彦兵衛は浅尾彦兵衛という武将で、城主氏照の笛の指南役だったが、燃え落ちる本丸で最期まで笛を吹いていたという。また、彦兵衛の笛の一番弟子・狭間の隼人は討ち死にし、隼人の恋人・安寧姫も、琴を奏でながら籠城した楼閣ごと炎に包まれて亡くなった。

尚、隼人と安寧姫が逢瀬を重ねた東浅川町の熊野神社には、縁結びの木が今もある。

それは樫と欅が根もとから絡み合った相生の大木で、想う相手の名前と自分の名前を書いた小石を二つ並べて根もとに置くと、願いが叶うと言い伝えられている。

高月城の夜行さんと橋の子ら（高月町）

八王子市高月町《たかつきまち》はあきる野市に隣接しており、市境に秋川が流れ、橋が架かっている。秋川は下流で多摩川に流れ込むが、その合流地点にある東秋川橋は、橋の北詰があきる野市、南詰が八王子市になるのだ。

民俗学的には、川も橋も境界とされる。彼岸と此岸。幽世《かくりょ》と現世《うつしょ》。この世ならざるものと軒を接しているわけでもなかろうが、昔からこの辺りには怪談や幽霊の目撃談が多い。

それには原因が二つ考えられる。

一つは、秋川と多摩川の合流地点周辺の限られたエリア内に、高月城と滝山城という二つの古城跡があること。

高月城は、一四五八年に武蔵国守護代・大石顕重《おおいしあきしげ》によって築城された。

小田原の後北条氏が興隆してきた頃、大石氏は多摩の南側・由井《ゆい》領で権勢を振るっていたが、後北条氏の陣地が拡大して、高月城の西方一五キロに津久井《つくい》城を築くと、高月城を廃城にし、南東に退いた位置に滝山城を築いた。

しかし結局、防戦ならず、一五四六年、第一三代当主・大石定久《さだひさ》は娘の比佐《ひさ》を後北条家の三男・北条氏照と縁組させて城から退いた。そして入道して八王子市下柚木の永林寺に蟄居《ちっきょ》したものの、失意のまま三年後に野猿峠で切腹して生涯を閉じたのだった。

――二つの城跡は、いわば大石氏の夢の跡だ。当時は血なまぐさい小競《こぜ》り合いが繰り返されていた。死と戦いが身近だった時代の記憶が、怪異を生んでいるのかもしれない。


高月町には、高月城にちなんだ《夜行《やぎょう》さん》という妖怪の伝説がある。

夜更けの高月町で歩いていると、背後から妙な音が近づいてくる。

カポカポ、カポカポ……。

振り返っても、そんな音を立てそうなものは何も見当たらない。やがて馬のようだ、と思いつく。蹄《ひづめ》の音だ。しかし音だけが追ってくるので、たまらない。

――この音の主の姿が見えたら、さらに恐ろしいだろうと思うが。

と、いうのも、この妖怪《夜行さん》は、姫君を乗せた首のない馬か、もしくは、上半身が姫君でその他が馬といったケンタウロスを髣髴《ほうふつ》とさせる姿をしているのだから。

大石氏の高月城が敵襲を受けたときのこと。姫が馬にまたがって逃れようとするも、追手の刃が一撃、走る馬の首が刎《は》ねられてしまった。ところが馬は斃《たお》れず、姫を乗せたまま天高く駆け上がり、彼方へと走り去ってしまった。

この首なし馬と姫君が妖怪と化したのが《夜行さん》なのだ。

岩手県遠野《とおの》地方のおしらさまの伝説と似通っているけれど、今も存在する高月城跡が、合戦の時代と現代とを結びつけてリアリティを生んでいるような気がする。

大石氏が盛んだった一五世紀から一六世紀、つまり室町時代や安土桃山時代の姫君の着物なら、華やかな意匠を凝らした煌《きら》びやかな衣だったのではあるまいか……などと夢想して、私は変人だから、ぜひ遭遇したいと思うのだが、目撃することはおろか、寄せられた体験談にも《夜行さん》らしきオバケが登場したためしがない。

高月町の秋川沿岸部に怪しい現象をもたらしているもう一つの原因は、ここが水難事故の多発地帯だったからではないかと推察される。

東秋川橋のたもとの河川敷は、かつては水遊びをする人々でにぎわっていた。

私も子どもの頃に……というと五〇年近く前になるが、当時は秋川市だったあきる野市に住む母の友人家族や妹と一緒に、夏になると遊びに行ったものだ。

無事で幸いであった。昨今はこの一帯では、遊泳が禁止されている。禁止の理由は単純、溺死する者が後を絶たないからだ。特に子どもが亡くなるケースが多い。

私のもとにも、東秋川橋付近を舞台とした、こんな実話が寄せられている。

あきる野市在住の琉夏《るか》さんは、今から数年前のそのとき、八王子市内の高校時代の友人宅から帰っている途中だった。時刻は辺りに黄昏の気配が満ちてきた、午後の五時頃。その友人とは、かつては親友同士だったが、近頃は疎遠になりかけていた。高校を卒業してから一〇年も経つ。今では、お互い家庭がある忙しい身だ。

久しぶりに会った理由は、共通の知り合いが七歳の子どもを亡くしたからだった。

琉夏さんには同い年の一人娘がおり、友人にも四歳の息子がいる。子どもを喪《うしな》った知人は高校時代のアルバイト先で知り合った当時の同僚だった。日野の人で家も遠くないし学年も一緒だったから、結婚するまでは、ときどき三人で集まっていたものだ。

とはいえ、子どもの葬儀に参列するほど親しかったわけでもない。

そこで、その代わりに葬儀から二ヶ月ばかり過ぎた今日の午後早く、友人と二人で日野市の家を訪ねてご焼香してきたというわけだ。子どもが死んだのは八月だった。そろそろ落ち着いているかと思ったのだ。

だが、知人は憔悴《しょうすい》が著しく、少し正気を失っている節も見られた。

――仏壇のコップの水をゴクゴク飲んで、ケロッとした顔で「あら、間違えちゃった」と言ったときには、悪いけどゾーッとしちゃったな。

琉夏さんは午前中に見た光景を思い出して、あらためて身震いした。

そそくさと知人宅を立ち去り、友人宅に場所を移して、さっきまでおしゃべりしていた。友人の子が通う幼稚園は、四時までに迎えに行かねばならないという。友人は車の免許を持っておらず、いつも路線バスに乗って送り迎えしていると聞いて、「ついでだから」と琉夏さんが車で幼稚園まで一緒に行って、友人親子を家まで送ってあげた。

——親切にしすぎちゃったかな。すっかり遅くなっちゃった。

娘は小学一年生だ。下校の時間は過ぎている。でも、帰りが遅いときにはマンションの一階ロビーで待っているように、いつも言い聞かせていた。五時半まではロビーの受付に管理人もいる。大丈夫だろう。

そのうち、東秋川橋に差し掛かった。

五時ちょうど。最近、日の入りが早い。六時すぎには暗くなってしまう。すでに太陽は西に傾いて、橋の下は薄暗く沈んでいた。

——厭だわ。あの子が亡くなったのって、すぐそこじゃない。

そうなのだ。知人の子は、あきる野市側の河川敷で家族がバーベキューに興じていて目を離した隙に、川で溺れて死んだのだ。

——うちの娘と同じ七つで逝くなんて。でも、あの子は男の子。うちの子とは違うわ。

彼女も夫もアウトドアには関心がなく、秋川に娘を連れてきたことがなかった。バーベキューも好きではない。近場で水遊びするなら市営プールかサマーランドがいい……。

——なにかしら？　小さな子たちの声がする。

橋を渡りはじめたら、急に、子どもたちが楽しそうに群れ騒ぐ声が聞こえてきた。後続車もなかったので、速度を緩《ゆる》めて橋の上から左右の河川敷を見渡したところ、右に見える川で、二、三歳から七、八歳ぐらいの幼い子どもばかり二、三〇人も遊んでいた。

驚いてブレーキを掛けた。運転席から目を凝らして眺めても、引率している大人の姿を見つけることができなかった。「大変だ」と思わず独り言が口をついて出た。

慌てて車から降りかけた。ところが、運転席のドアを開けるのと同時に、子どもたちの姿が見えなくなった。

子どもに特有の甲高《かんだか》い、なんとも楽し気な歓声だけは、まだ木霊しているのに、である。

そちら側に一歩、二歩と近づいて、誰もいない河川敷を信じがたい気持ちで見つめていたら、後ろから走ってきたトラックにクラクションを鳴らされた。

「バカ！　危ないだろ！」と罵声を浴びせられて、我に返った。

いつのまにかセンターラインの近くまで歩いてきていた。

危うく轢かれてしまうところだ。一瞬で全身に冷たい汗をかいていた。手の甲で額を拭《ぬぐ》いながら、子どもたちの声が止んでいることに気がついた。河原の方を振り向いても、無人の川面が夕焼けを照り返しているばかりだった。

車に戻ると急いで家に帰った。マンションの駐車場に車を入れて、運転席から降りた。そのとき、車体に捺された小さな手形が目に入った。

娘の掌ぐらいの大きさだ。子どもの掌はペタペタと脂《あぶら》っこくて、すぐに跡がつく。出掛ける前には手形はついていなかったと思うけど、気にするほどのこともでもないかしら、と思いつつ車から少し離れたが、やはり気がかりで振り返ってみて……。

「ギャッ」と悲鳴をあげた。

手形は一つではなかった。車体や窓のいたるところに、無数の小さな手形があった。これに気づかずに出掛けるわけがない。しかし急がねば。もう管理人が帰った頃だ。恐ろしくて膝が震えるのを、なんとかこらえてマンションのエントランスに入った。

ロビーに娘の姿がない。慌てて周りを見回していたら、後ろから「ママ」と呼ばれた。エントランスから娘が入ってくるところだった。

安堵のあまり倒れそうな心地で「お外で待ってたの？」と訊ねて、彼女は凍りついた。

――「うん」と答えた娘の後ろに、子どもの形をした黒い影が幾つも群がり、小さな頭をひょこひょこと動かして、こちらのようすを窺っていた。

ダルミの少女（大垂水峠）

達樹《たつき》さんは、一九九〇年頃からおよそ二〇年間も、峠の走り屋をやっていた。

とくに九〇年代の前半はいわゆる「本気組」で、磨き込んだスリードアのハチロクレビン、つまり走り屋に人気のスポーツカーAE86カローラ・レビンをチューンナップして、夜な夜な峠に通っていた。

当時の住まいは橋本駅のそばのアパート。駅前のゲームセンターで夜一一時までアルバイトをした後、ラーメンで軽く腹ごしらえを済ませてから、八王子の通称「ダルミ」こと大垂水峠《おおたるみ》に行くことが多かった。

本気組の仲間やギャラリー（見物人たち）が峠に集まるピークタイムは午後一一時から午前一時前後だったので、大垂水峠はバイトの遅番の後で行くのに距離的に都合が良かったのだ。それより遠いとピークタイムを逃してしまって、誰もいない峠道を独りで走るはめになる。峠は、競うライバルがいると格段に面白くなるし、ギャラリーが多いと燃えるのだ。

大垂水峠の周辺の山中で、時折、死体が見つかることは知っていた。山深い辺りである。樹海と同様に多くは自殺者だ。また、死亡事故も当時はあった。

――九〇年代初頭のある夏、熱帯夜の晩に、神奈川県側から八王子方面へ向けて蛇行する道を飛ばしていると、待避所の外側に、ワンレンのロングヘアの女の子がこちらを向いて立っていた。

白い長袖のブラウスを着ている。高校の制服だろうか。一七、八歳だ。

下半身は防壁に隠れて、道路側からは見えない。そこはカーブの頂点で、転落事故防止のために腰ぐらいの高さの防壁が設けられているのだった。

防壁のあちら側は、切り立った急斜面が奈落になっている。

一瞬、真正面から顔を見てしまった。折り返して戻ってきたときには、もういなかった。

そのとき最近耳にした噂を思い出した。ある走り屋が助手席にガールフレンドを乗せてこの峠を攻めていたところ、その子がシートベルトで頸動脈を切って死んだというのだ。

そばにドライブインがあった。何気なく立ち寄ったら、店の前のガードレールに新しい花束が立てかけられていた。なんだか背筋が冷える心地がして、その夜はすぐに帰宅した。

翌日の夜は友人を助手席に乗せていた。昨夜のあの辺りで「女だ！」と友人が叫んだ。

「今、女の子がこっち見てた。白い長袖の、清楚な感じの。声を掛けるから引き返せ！」

友人はナンパ好きな男だった。昨日のことがあるので気は進まなかったが、念のため引き返してみると、案の定、少女は姿を消していた。

憑いてきた子（旧小峰トンネル）

幹也《みきや》さんと彼女が旧小峰《こみね》トンネルを訪ねたのは、熱帯夜の零時過ぎのことだった。デート帰りに、かの有名な心霊スポットを冷やかしてみようと思いついたのだ。

秋川街道を車で八王子市からあきる野市へ向かい、新小峰トンネルの手前で右折するとやがて前方に鉄柵が現れた。そばに車を路駐して、二人で柵の脇を擦り抜ける。

外は日中の草いきれがまだ辺りに籠って蒸し暑く、細い旧道は泥に覆われていた。丈高い樹々に挟まれた道の先に、隧道《ずいどう》の入り口が見えた。

懐中電灯で照らしながら中に足を踏み入れたそのとき、闇の奥からひたひたと近づく者があった。

反射的に光を向けると、幼児のように小柄な影が、一瞬、壁に映った。

だが、よく確認する間もなく、それはこちらへすばしっこく駆け寄ってきた。

彼女が悲鳴をあげて踵《きびす》を返した。彼も慌てて後を追った。

軽い足音が背後から迫ってくる。速い。追いつかれそうだ。

前を走る彼女が、鉄柵の横から道路に飛び出した。彼の懐中電灯の光が、その肩越しに、猛然と突っ込んでくる見知らぬ自動車の鼻先を捉えた。

直後に、ドシャンという、湿り気を帯びた厭な衝撃音が聞こえた。

——事故の後、彼女を撥《は》ねた運転手は幹也さんと共にその場で警察の事情聴取を受けたが、「さっきまで家にいたのに」と蒼白な顔で繰り返すばかりで、無灯火で走っていた理由も説明できなかった。

彼女は両脚骨折と全身打撲の重傷を負い、手術が終わったときには夜が明けていた。

幹也さんは、いったん帰宅して仮眠を取り、夕方、再び病室を訪ねた。

すると、子どもの輪郭を持った黒いものが、ベッドに眠る彼女の左手を握って、静かに佇んでいた。とっさに悲鳴を押し殺したが、彼女が幹也さんの気配に気づいて目を覚ました。

そして彼の方を向いて「左肩が痛い。肩から腕が千切れそう」と訴えた。

途端に子どものようなものは掻き消えた。彼女は左肩には怪我をしていなかったので、幹也さんは、痛むとしたら原因は他に考えられないと思って、翌日の日中、知り合いの霊媒師を病室に連れてきた。そのときは怪しい存在は影も形もないように思えたが、

「元いた場所にお戻りなさい。この人はあなたのお母さんじゃないのよ」

霊媒師には見えているようで、彼女の左側の空間に向かって優しく諭した。

たちどころに彼女の左肩の痛みは消え、その後は何事もなかったという。

呼び水

以前から何度かインタビューさせていただいている佑真《ゆうま》さんのお母さんが、昨年、西八王子駅と高尾駅の間辺りにある踏切で、走ってきた電車に轢かれて亡くなった。自宅から遺書が見つかったので自殺に違いなかった。彼女が長年鬱《うつ》病に苦しんできたことから、ある程度は、佑真さんたち遺族が予見していた最期でもあったという。

ただ、彼は、その場所に少なからず因縁を感じたそうだ。

一つには、彼が某私鉄のベテラン駅員であるからだ。件《くだん》の踏切は管轄する電鉄会社が異なるとはいえ、息子の職業に何か含むところがあったのか……と気になった。

さらに、その踏切で、彼の中学時代の友人の母親が同じように自殺していた。

当然それは母も知るところだった。

「とはいえ、人身事故が多い場所ではあるのです」と佑真さんは私に言った。

「そこはカーブがない一直線の線路で、踏切を通過する際の速度も相当なものですから」

八王子で、かつてその手の踏切でよく知られていたのは旧学園踏切（現なかよしこ線《せん》橋《きょう》）だ。そこでは、昔、自殺者の首がスポーンと飛んで、線路沿いの高校のプールで発見されたことがあった。後に、そのプールでは生徒が溺死しかけ、心霊現象が相次いだという。

そんな経緯があるため、跨線橋になって久しいのに心霊スポット扱いされている。

全国で、踏切は減少傾向にある。佑真さんの母が命を絶った踏切も、いつか廃止される流れであろう。

私は「偶然でしょう」と彼に応え、「あまり深く考えない方が……」とひと言、添えた。

だが、佑真さんは納得がいかないようすだった。

「どうしても、結びつけてしまいます。なぜって、中学のときに友人の母がそこで踏切自殺しただけじゃなく、すぐ近くのマンションでも未だに忘れられないことがあったので」


――これも佑真さんが中学生の頃の出来事だという。

彼は、高尾駅周辺を学区に含む、公立中学校に通っていた。駅の近くに大きなマンションがあり、仲良しの同級生・Aさんがそこに住んでいた。

中一のあるとき、佑真さんが訪ねていくと、Aさんがマンションのすぐ横の舗道を指し示した。そこに幼児用プールよりひと回り大きな黒いシミが浮きだしていたので、何かと思ったら、

「みんなここに飛び降りるから、とうとう血の跡が消えなくなっちゃったんだよ」

とAさんが言った。ぞわりとうなじの毛を逆立てながら佑真さんは「自殺？」と訊ねた。

「たぶんね」とAさんは彼の質問に答えた。「屋上から、わざわざ柵を乗り越えて落ちるんだから、他には考えらんないでしょ？　先月なんか、三人も飛び降りたんだよ！」

聞けば、建った当初から飛び降り自殺が頻発《ひんぱつ》しているというのだった。

「だから管理会社が、最上階の防火扉と外階段の柵に鍵を掛けるようになったんだけど、柵をよじのぼって屋上に行って飛び降りちゃうからお手上げだって、うちの親が言ってた」

Aさんは陽気な性格で、こんな話をするときでさえ明るい口調のまま、面白そうに話していた。だから佑真さんも、すぐに怖さが薄らいで、少しワクワクするような気持ちになった。

――不謹慎な、と眉《まゆ》をひそめる向きも多いと思うが、その頃は、自殺が多発する都内の団地で怪奇現象が目撃されただの、心霊写真が撮れただのといった内容のテレビの心霊番組が子どもたちの人気を集めていたのである。

「こええ！　なんかの祟り？」

「知らない。幽霊が出たって話も聞いたことないけど、祟りみたいな感じがするよね」

「うん。だって、飛び降りる人がみんな同じところに落ちるのは変だよ！」

「それは、ここがいちばん飛び降りやすいからじゃない？　こっちを通る人は昼でも少ないから。それに、ほら、向こうに山が見えるでしょ？　最期にいい景色を眺めたい人が多いんじゃないかなぁ」

Aさんが指さした方角に、遠くビルの合間から緑が見えた。屋上からは高尾山系の山々が見渡せるのだろう、と佑真さんは想像した。

「僕の部屋からも山が見えるよ。あの部屋なんだ」とAさんは横にある壁の上の方にチラッと視線を投げたが、すぐに「行こう！」と言って壁に沿って駆けだした。

「こっちこっち！　ゲームやる時間がなくなっちゃうよ！」

生命力に溢れた少年たちにとっては、身近な場所で起きていてさえ自殺は他人事だった。


それからも、しばらくの間、つつがなく日々は過ぎた。

やがて三年生に進級した。佑真さんとAさんは、このときも同じクラスで、たまたま席が隣同士になった。

五月のある朝、いつものように登校すると、Aさんがいつになく沈んだようすで隣の席に着いていた。肩を落として、見るからに元気がない。「おはよう」と佑真さんが挨拶しても返事をせず、座ったまま彼の顔を振り仰いだきり、妙に青ざめた顔で黙っている。

「どうした？」

Aさんはゴクリと唾《つば》を呑むと、「昨日またあったよ、飛び降り」と答えた。

「へえ」と佑真さんは返した。言ってしまってから、少し素っ気ないような気もして、「前回は先々月ぐらいだっけ？　本当にしょっちゅうだね」と言った。

するとAさんが「うん。でも、昨日は……違ったんだ」と蚊の鳴くような声で応えた。

朝のホームルームまでは少し時間があった。佑真さんは自分の席に腰を落ち着け、Aさんの方へ身を乗り出した。Aさんはキョロキョロと落ち着かないそぶりを見せた。

――あまりみんなに聞かれたくないのかな？

そう思った佑真さんは「違ったって、何が？」と声をひそめてAさんに訊ねた。

Aさんは唇を噛んでうつむき、わずかな間、押し黙ったが、意を決したように彼と目を合わせると、「夕方」と話しはじめた。

「……家に帰ってきて、自分の部屋の窓を開けたんだ。ちょっと空気を入れ替えようと思ってさ……。そしたら、ものすごい速さで落ちてきた。それで……信じてもらえないかもしれないけどさ……そのとき目が合った」

「誰と？」

「そいつ……その……落ちていったヤツ！　窓を開けた直後の一瞬、目と目が合った！　間違いない……間違いないんだよ！」

「えっ？　窓の前を通過する瞬間、Aのことを見たってこと？」

Aさんは、背をまるめて縮こまり、顔をくちゃくちゃに歪めて、彼を見つめた。

眦《まなじり》が裂けるほど目を見開くと、「うん」と答えた。

「僕を見つめながら凄い速さで落ちていって、バンッてデカい音が下から響いてきて……」

Aさんは突然、机に深く伏せた。それきり、ホームルームが始まるまでピクリとも動かなかった。

その後、Aさんは誰とも付き合わなくなった。

まるで生気を失ってしまって、いつも放心したような虚《うつ》ろな表情で、佑真さんとも他の同級生とも、ほとんど口を聞かないまま、卒業式を迎えた。

そして、その翌日からAさんとAさんの家族に連絡が取れなくなってしまった。

佑真さんは「Aは音信不通になって、卒業後の消息は一切不明です」と私に説明した。

「他の同級生もAに電話で連絡を取ろうと試みたんですけど、『この電話番号は現在使われておりません』って……。マンションを訪ねていってインターホンを鳴らしても誰も出てこなかったから、彼の卒業を機に引っ越したんだと思うべきですよね？」

「ええ。でも、今のお話を聞いた後だと、なんだか亡くなっているような気がします」

「……やはり。僕も、Aは、死ぬ間際の人に見られたときに、それが呼び水になって死の世界へ引き摺り込まれてしまったんじゃないかと……そんな気がしてならないんです」

心霊病棟

看護師の多加子《たかこ》さんは、四一歳のときに市内のその病院に就職した。

およそ一〇年前のことで、子どもたちからまだ完全には手が離れていない時分だった。だから自宅からなるべく近い病院に移りたいと思っていたところ、同じ町内の総合病院に欠員が出た。あきる野市との市境に近い古城の跡地に建てられた病院で、広大な敷地に複数の病棟を有しているものの、当時は全体に老朽化が進んでいた。

物置と化している旧《ふる》い病棟が如何にも出そうな雰囲気を醸し出しているかと思えば、なぜか使用が禁じられている露天の駐車場が敷地の隅にあった。

それでも採用が決まったときにはとても嬉しく、また、幸いすぐに職場に馴染《なじ》んだ。

しかし、しばらくすると、だんだんと奇妙な噂が耳に入ってきた。たとえば――。

「あの昔の駐車場、月夜の晩になると落ち武者の霊が現れるのよ。それも、大勢……。だから使われなくなったんだって。この病院には、実際に見た人が何人もいるのよ」

ちなみに、八王子市内の城跡は一四ヶ所もあり、八王子城跡や滝山城跡、片倉城跡のようにきちんと管理されているところもあるが、発掘調査が完了しないまま半ば埋もれつつあるものもあって、ここは後者だった。

中世には、この場所で合戦が行われて死者も出たはず。落ち武者が地縛霊となって未だに棲みついていても不思議はないのだ。

そうかと思えば、もっと新しい時代の幽霊も出没した。

六階建ての旧病棟の二階は、入院患者さんの私物置き場として利用されていた。

一日三〇〇円で患者さんに箱を貸し出しており、着替えや本など、貴重品以外の私物を預かっているのだ。

そこに時折、白っぽい服を着た首のない女の霊が姿を現す。

現れるのはいつも昼間で、これを誰かが目撃すると、その日のうちに誰かが亡くなる。

ナースステーションで多加子さんにこの話を聞かせてくれた先輩看護師は、さらに、自分の昔の知り合いも、今は幽霊になって徘徊していると打ち明けてくれた。

「旧病棟ですか?」と多加子さんは恐るおそる訊ねた。

夜勤のさなかで、今このナースステーションには先輩と二人きりだ。

ナースステーションの中は明るいが、カウンターの外の廊下は静まり返って薄暗く、空調が立てる低いモーター音が、やけに耳についた。

「ううん」と先輩看護師はブルブルッと顎《あご》を左右に震わせて否定した。

「この建物の地下一階。一三、四年も前になるわ……。彼女と私は同期で、当時はお互い四〇歳だった……」

「今の私と同い年ですね」

「そうだね。彼女はまだ子どもが小さくて、家でも体が全然休まらないとよくこぼしていたんだけど、まさか、あんなことになるとはね！　地下の仮眠室で、心筋梗塞《しんきんこうそく》の発作を起こして急死してしまったの。交代に来ないし、電話にも出ないから見に行ったら、もう冷たくなっていた。……その人が夜更けになると、仮眠室から出てきて歩きまわるの」

――まるで生前と変わらない姿だが、他の看護師は最近採用された水色の上衣とズボンを着ているのに対して、彼女は旧型の白いナース服を身につけているので、すぐに見分けがつくのだという。固く編んだ三つ編みを背に垂らしているのも特徴だそうだ。

「……もしかして、先輩も見たことがあるんですか？」

「ある。何度かね。仮眠室でドアを擦り抜けて出ていく後姿を見ることが多かったけど、一度だけ、後をつけてみた」

――かつての同僚は、何も悪さをせず、各階の病室をゆっくりと巡回していた。

「そう！　亡くなってまで仕事をしてたのよ！　もう、かわいそうで涙が出てきちゃった」

後ろ姿に向かって手を合わせ、目を閉じて成仏を祈ったところ、目を開けたときにはいなくなっていたということだ。

多加子さんは、自分には霊感がなくて幸いだったとつくづく思った。

幽霊が見える体質だったら、ここに勤務するのは、さぞかし大変だろう……と。

しかしこの病院に来て一〇年も経った、つい最近になって、少し奇妙な体験をした。

あるとき、慢性腎不全《じんふぜん》のおじいさんが入院してきた。いつ亡くなってもおかしくないほどの重症な上に、八四歳と高齢で、すでに寝たきり。自力で車椅子に乗ることすらできないほど足腰が弱っていたが、頭だけはしっかりしている。そういう人だった。

ところが入院から数日経った午下がりのこと、巡回で病室を訪ねたら、彼が車椅子に乗って、ベッドに置いたボストンバッグの中に着替えを詰め込んでいた。

驚いて、何をしているのか訊ねると「迎えが来たから、退院します」という答え。

多加子さんは不審に思った。まず、彼の病状では退院は論外だ。だが、それより誰が車椅子に乗せたのか？　心のなかで首を傾げながら、とりあえず元通りに寝かせた。

おじいさんは、すぐに眠りに落ちて、そのまま二度と目を覚まさなかった。

道了堂跡の「円」

一九八三年の、おそらく一一月初旬に、当時八歳の一翔《かずと》さんは、仲良しの同級生三人と共に、ランドセルを背負ったまま道了堂跡《どうりょうどうあと》を訪れた。

可愛らしい庭付き一戸建てが軒を並べる絹ヶ丘《きぬがおか》の住宅団地に、彼らの家はあった。通っている小学校が隣の北野台にあり、道了堂跡へ自分のうちから行こうと思うと三〇分もかかったが、小学校からは一〇分足らずの道のりだった。

だから彼ら仲良し四人組が道了堂跡で遊ぶときは、学校から直接行くことが多かった。

道了堂跡がある大塚山の北野台側の麓には、遊具が置かれた児童公園が設けられていた。公園で遊ぶだけで満足する日もあったけれど、一翔さんたちは、長い階段を上って頂上のお堂へ行く方がどちらかといえば好きだった。階段は、緑豊かな小径に続き、そこでは何かしら発見があったものだ。木漏《こも》れ陽《び》を浴びて艶々《つやつや》と輝くキイチゴ、ビロードみたいな紫色のアケビ、野生の小動物――。その日は真っ赤に色づいたカラス瓜《うり》を見つけた。

赤いカラス瓜は苦くて食べられたものではなかったけれど、記念に持って帰ろうと、幾つか摘んでランドセルに放り込んだ。

爽やかな秋晴れの空の下、勝手知ったる小径をじゃれ合いながら歩いた。この道は新しく造成されたものだが、途中、鑓水《やりみず》の給水塔の辺りで、《絹の道》という古い街道に繋がる。

道了堂跡は、二つの道の接続地点からは、目と鼻の先だ。

何ヶ月か前に道了堂跡の本堂で小火騒ぎがあったことを、一翔さんたちは知っていた。

本堂は、屋根と骨組みだけ残して焼け落ちていた。黒焦げの骸骨《がいこつ》みたいになった廃墟に入り込み、土台が剥《む》き出しになった床下でアリジゴクを探して、しばらく遊んだ。

すり鉢状の巣穴を掘ると、ぷっくり肥えたアリジゴクが獲れた。

その遊びに飽きると、四人で廃墟の周りを探検した。

廃墟の背面から三メートルぐらい先の平らな地べたに、ちょうどマンホールぐらいの大きさの円《まる》いものがあった。

周りの土とは明らかに異質で、色も異なるが、整った正円の形をしている。

ぬらぬらと粘っこく濡れ光り、赤黒い。近づくにつれて、甘い臭いが濃くなった。

円の内側で大量の蛆虫《うじむし》が蠢《うごめ》いていた。円い縁までみっちりと、血塗れの白い蛆が詰まっている。もつれ合う蛆の大群の下に、何かの新鮮な屍骸が埋められているようだった。

掘り起こすことはしなかったから、円の正体はわからない。一翔さんたちは、謎は謎のままとして、この出来事を四人だけの秘密にしてきたという。

病院裏の地下一階

私が少女だった時分の八王子には、デパートやショッピングモールがたくさんあった。うちが八王子に引っ越してくるより前の、一九六〇年代から建ちはじめたという。初めは八日町の辺りに百貨店ができたとか。順当な気がする。なぜなら、八王子十五宿は、八日市宿と横山宿という甲州街道沿いの隣り合う二宿を中心に栄えたのだ。

前者が八日町になり、後者が横山町になった。

八のつく日は八日市宿で市が立ち、四のつく日は横山宿で市が開かれ、いずれにおいても、八王子産の織物などが売り買いされた。

私の古い記憶にある八日町から横山町辺りにかけての甲州街道沿いは、盛んでにぎやかな商店街で、伊勢丹、ダイエー、大丸デパートの巨《おお》きなビルの間を、小売りの商店や飲食店が隙間なく埋めていた。

うちがあった片倉から八王子駅の方へ向かうバスに乗っていると、横山町のバス停で降りる人が多かった。私も、たまたま母の友人夫婦がその辺りで焼き鳥屋を営んでいたり、小学校の同級生たちとバスに乗って、ダイエーの手芸店までリリアン編みの糸を買いに行ったりしたので、何かと足を運んだものだ。

当時、八王子駅の北口には、「織物の八王子」と記された《織物タワー》が高々とそびえていた。白いタワーの足もとは噴水と緑の植栽に囲まれており、晴れた日などは水しぶきが眩《まぶ》しく輝いて、青空の下、バスロータリーは広くゆったりとしていた。昭和人の戯言《ざれごと》に違いなく、記憶が美化されているのだろうが、七〇年代後半から八〇年代前半頃の八王子駅北口はとても美しかったと思う。織物タワーのある景色が懐かしい。

うちは、同居している祖母が呉服店の下請けをする和裁士で、昔は世田谷で仕事をしていたが、片倉の家に移ってからは、市内の呉服店からも手縫いの仕事を請けていた。

一年三六五日、和服を着て和服を縫っている職人が一つ屋根の下にいた次第で、出入りする着物姿の人々、取引される艶やかな反物《たんもの》やたとう紙に包まれた着物、それらのほとんどが（人を含めて）八王子産だということを、私は子どもながらに知っていたのだ。

八〇年代に入ると、旧宿場町の界隈からは次第にデパートの姿が消えて、街の様相が変わっていった。結局、一九八三年に八王子駅の北口に誕生した駅ビルのそごう八王子店と、その隣の白い建物に赤い「〇I〇I」のマークが鮮やかな丸井だけが、その後も長く残った。

――さて、北口のロータリーから織物タワーが撤去された、一九九五年頃のことである。

当時、将央《まさお》さんは、北口の丸井の地下にある模型店に勤めていた。

その年の春に高校を卒業したばかりの社会人一年生で、就職した模型専門販売会社は日本各地にチェーン店を展開していた。彼は、たまたま八王子支店に配属されたのである。八王子駅北口の丸井は、正式名称を丸井八王子ショッピングビルといった。地下一階のテナントは、将央さんがいた模型店とレコードショップだった。レコードショップは専有面積が大きく、楽器や映像ソフト、音楽をフィーチャーした雑貨なども取り扱っていて、店内の装飾も洗練されており、流行に敏感な若者たちの人気を集めていた。

それに引き換え模型店は地味で規模が小さく、週末や年末の繁忙期を除けば、常に空《す》いている。スタッフは、若い店長と彼だけだが、だいたい二人で事足りた。

平日の昼間は男しか来ない。働きだして何ヶ月か経ち、将央さんは、そう確信していた。プラモデル好きな女の子は、佐渡島《さどがしま》のトキみたいな絶滅危惧種なのであろう、と、羨ましく思いつつ、目の前のレコードショップに出入りするファッショナブルな若い女性の群れを眺める日々だった。

その日も平日だったから、そんな調子でぼんやりしていると、店長が話しかけてきた。

「あのさ、一階に行く非常階段のドアを開けちゃうお客さんが、ときどきいるじゃん？」

模型店の裏の通路に、鉄製の防火扉があった。防火扉とはいえ、ふつうのドアノブがついていて、営業時間中は鍵が開いている。模型店の後ろ側には壁がなく、店内の通路を歩いてその扉まで行くことができた。

「ええ。皆さん、階段の出入り口と勘違いしちゃうんでしょうね」

ここは地下一階である。一階に上がるのに、わざわざエレベーターやエスカレーターのところまで移動しなくても、すぐそこに階段があるのなら……と思いつく人が多いわけだ。

会計を済ませるや否や、引き留める間もなくスタスタ歩いて、防火扉を開けに行く客が、少なくとも日に一人はいた。

「そうなんだよ」と店長は言った。「でも、ほとんどの人は、ドアを開けて中を覗いただけで引き返してくるよな？　階段の上のシャッターが閉まっているのが見えるから」

「ドアを開けたら、シャッターが目に入りますもんね。階段の上には踊り場もないし」

ドアの向こうには、幅五メートルの横に細長い床を挟んで、同じ横幅の階段がある。

しかし、その階段は、三メートルばかり上から先が、鉄のシャッターで塞がれていた。

「ところが、あのドアの中に入ったきり出てこないお客さんが、たまにいるんだ」

「ああ、それは、あるかも……」

床と階段はリノリウム張りで、一応、照明も点いているから、下を向いて入っていった客が階段の途中までシャッターの存在に気がつかないことが時折あった。

また、将央さんは、そこに隠れて煙草を吸っていた高校生を注意したこともある。

そこで彼は「その辺のヤンキーが煙草吸いに来たりしますからねぇ」と店長に言った。

店長は「いいや！」と首を横に振った。「違うんだなぁ、それが！」

「そうじゃないんだ。こないだ○○支店にお使いに行ってもらっただろ？」

「はい。先週ですよね。一時間で、こっちに戻ってきました」

「そう、それで僕が一人で店番していたときに、ヤンキーじゃなくてオヤジが来て、なんにも買わずに、スーッと通路を通って防火扉の方へ行った。……で、ドアを開けて入っていったら、そのまんま出てこない。一分、二分と時間が経つうちに、何してんだろう、なぁんか死に場所を探してるっぽかったような気がしてきて、チョー不安になった！」

店長は、話に熱が入るに従って流行り言葉を交えはじめた。

「それはチョーチョー心配っすね」と将央さんも調子を合わせる。

バブル崩壊は九一年から九三年前後とされているが、九五年頃になっても「バブルが崩壊して云々《うんぬん》」などと巷《ちまた》でよく耳にしたものだ。むしろバブル崩壊の影響が顕著になりはじめた時期で、この頃から中高年男性の自殺が急増しだしたのだった。

「あのオジサン還暦ぐらいに見えたよなぁ。うっかり不動産に手ェ出して借金返せなくなって自殺しそうな年頃だわ。ヤベェ、でも、あそこ首を吊るロープを掛けられるようなとこなかったよなぁ……ってハラハラして、どうせ客もいないし見に行こうって決めた」

「でも、僕が○○から帰ってきたとき、店長ふつうにしてましたよね？　ということは、その人は無事だったんですね？」

「いや、無事っていうか……いなかった。オジサン消えてた。それで、去年、こっちに異動する前にいた支店で聞いた、変な噂を思い出したんだ」

――八王子店には、出る。建物の後ろに戦前に建った病院があるから。

「多摩相互病院のことですよね。たしかに、あのシャッターの真後ろですね」

多摩相互病院は一九二九年に開設した由緒ある総合病院だった。第二次大戦の八王子空襲で焼失したときには、市内の寺に臨時の診療所を開いて、被災した人々の治療に尽力した。今の場所に戻ってきたのは一九六四年のことで、そのとき建てた鉄筋コンクリート五階建の病棟をまだ使っていた。

二〇一二年に閉院して、二〇二二年現在は跡地にコインパーキングができている。

将央さんや若い店長が模型店にいた頃は、同院は健在だったものの、外壁に傷みが目立ち、昭和時代に建てられた古い病院に特有の、仄暗い雰囲気を持っていたようだ。

「シャッターの向こう側に、霊安室から遺体を搬出する病院の出口があるんだって」

店長は声をひそめて、異動前に誰かから聞いた、まことしやかな噂を彼に伝えた。

やがて将央さんは就職して初めての夏を迎えた。夏休みの時季になると子ども連れの客が増えるので、模型店では学生アルバイトを二人雇った。

防火扉から出ようとして引き返してくる客は、相変わらず後を絶たなかった。ドアに施錠すればいいのに……と将央さんは思ったが、日に何度か警備員が階段とシャッターの点検に来るため、そうもいかないということだった。

東京では伝統的に七月にお盆をする家も少なくない。他県からのニューカマーが急増した八王子では、九〇年代にはすでに八月盆の方が主流になっていたが、筆者の家を含め、頑固に七月半ばに盆行事を行う人たちもいた。

七月の盆の入り日に、アルバイトのAさんが青ざめた顔で報告してきた。

「あそこのドアを開けて入ろうとする人がいたので、追いかけていったんですけど、私の目の前で、シューッとシャッターに吸い込まれたみたいになって消えちゃいました！」

店長と将央さんは顔を見合わせた。「オジサンだった？」と店長はAさんに訊いた。

「いいえ！　八〇歳以上って感じの、腰の曲がった女性でした」

――店長が見た幽霊とは違う。

将央さんと店長は再び目交ぜをしたが、怖がらせて辞められても困ると同時に考えたので、その時点では、何も言わなかった。

しかし、それから少しすると、今度は、もう一人のアルバイトのBさんが、悲鳴をあげて防火扉の方から通路を駆け戻ってきて、「幽霊見ちゃいました！」と大声で叫んだ。

「シーッ！　ここはお客さんがいるから」と店長が慌ててバックヤードに連れていく。

五分ぐらいで店長だけ戻ってきて、「泣きやむまで出てくるなって言っておいた」と将央さんにだけ聞こえるように囁いた。

「……厭な予感がする。例の噂を聞いたのも夏だった。昔からお盆は出るって言うよね」

「東京と沖縄ぐらいなんですってね、七月にお盆をするのは？」

「そうだよ。静岡の実家は八月にやってる。まさかと思うけど……いや、言わないでおこう」

店長が予想した「まさか」の事態は、八月のお盆になるとまた幽霊が出るというものだったが、当たらずとも遠からずだった。

幽霊はそれから連日、出没した。老若男女さまざまだったが、八割以上が老人だった。お盆に限らず夏が終わるまで毎日続き、秋になると、たまにしか来なくなった。

そのうち、ついに将央さん自身も目撃してしまった。

四〇がらみの中年男性が、あのドアに入ったきり出てこない。悪い予感しかしなかったが確認しに行くと階段を上り切ったところだった。固唾《かたず》を呑んで見守る中、歩みを緩めることなく、シャッターに吸い込まれていなくなった。

じきに慣れたが、生きた人間が件のドアを開けることもあり、ややこしかったという。

峠の女（小峰峠と旧秋川絹の道）

悠人《ゆうと》さんは私と同い年の五四歳。彼は市中心部の旧家の生まれ、こちらは新興住宅地に小学生のときに引っ越してきた新参者という違いはあれど、八王子の変遷を同じ時期に間近で見てきた点が共通している。

彼に限らないが、同世代のインタビュイーさんと会話していると、昔の記憶が次々に呼び覚まされてくる――暴走族が爆音を轟かせていた頃。ボウリング場。若者たちがこぞってスポーツカーを乗りまわしていたバブルの最盛期。峠の走り屋が全国的に知られるようになった頃――。

そんな我々が二〇歳前後だった一九八七年頃の八月のこと。

その日、悠人さんは高校時代の先輩一人と同級生二人、先輩の彼女の合わせて五人で、市内のボウリング場で遊んでいた。

夜の九時頃、そろそろお開きにしようかという話になったとき、悠人さんといちばん親しかった同級生のAさんが「どっかに走りに行きたい」と急に言いだした。

ちょうどみんなで駐車場に出てきたところだった。

Aさんが、買ったばかりの自慢の新車――一九八四年に公開された映画『キャノンボール2』でジャッキー・チェンが乗っていたのと同じ黒い三菱スタリオン――を早く乗り回したくてうずうずしていることを悠人さんは知っていた。

また、Aさんは峠の走り屋に片足を突っ込みかけた、いわば峠の初心者でもあった。

悠人さん自身は走り屋ではなかったが、地元で人気の峠なら知っていた。

だから彼はAさんへの友情から「じゃあ小峰峠でも行ってみる？」と、このとき提案した。

案の定、Aさんは乗り気になった。また、先輩の彼女も、物珍しさから、Aさんのスタリオンに乗りたがった。すると先輩がAさんに「手ェ出したら承知しないぞ」と冗談半分に釘を刺しながら承知したので、急遽、みんなで小峰峠へ行くことが決まったのである。

悠人さんの車の助手席に同級生のBさんが乗って、先頭を走った。

その後ろに、先輩の彼女を助手席に座らせたAさんのスタリオンが続き、先輩が最後尾について出発した。

三台とも無線機を積んでいたので、ドライブ中のやり取りには困らなかった。

ボウリング場は市の中心街にあり、そこから秋川街道こと都道三二号を真っ直ぐに三〇分あまり走った先が、目的地の小峰峠だ。

小峰峠の道は、ひどく曲がりくねり、場所によっては車同士がすれ違うのも困難なほど道幅が狭かった。おまけに途中にトンネルがあり見通しも悪いとあっては、本来であれば安全運転を心がけるべきところだ。だが、それだけに走り屋にとってはスリル満点だったのであろう。近隣住民の迷惑も顧《かえり》みず、夜な夜な集まって危険な遊びに興じていたものだ。

秋川街道の両脇に樹々が迫ってきて、間もなく峠道に差し掛かるというとき、Aさんから無線が入った。

「ここらでUターンできない？　せめて、いったん停まれないかな？」

「あー……無理だと思う」と悠人さんは答えて、すぐに先輩に無線で訊ねた。

「後続車、来てますか？」

「来てるよ。ひょっとして、Aくんブレーキ踏んでる？　スピード上げて、どうぞ！」

三台のしんがりを走る先輩の車の後ろから、走り屋たちが迫ってきているというのだ。

「Aくん、トンネル抜けて突っ切ろう」

「……了解」

そのとき、Aさんの返事に被《かぶ》さって女性の絶叫が聞こえてきた。

――いよいよ峠道の形状がジェットコースターじみてきたから、先輩の彼女が怖がっているのに違いない。

ほどなく隧道の入り口が見えてきた。

助手席からBさんが「気味が悪いね」と彼に話しかけてきた。

「うん。いかにもオバケが出そうなトンネルだ……」

見るからに古い。入り口の上に《小峯隧道》と記した扁額が付けられている。

ここが小峰峠の頂上で、隧道の向こうは五日市町（当時）だ。昔は五日市町も絹の産地だった。五日市産の絹は、ここ小峰峠を越えて八王子を経由し、横浜港まで運ばれていた。

八王子市の鑓水にも絹の道があるが、この峠道もまた、絹の道だったのだ。

八王子から五日市には日用品を輸送していたともいう。運搬の便を良くするために、大正時代に建設されたのがこのトンネルだから、古びているのも道理であった。

悠人さんたちの車は、真っ暗なトンネルをあっという間に抜け出した。トンネルを出るとすぐに《小峰峠》という道路標識が視界に入った。五日市町側にだけ、この標識があった。

そして、ここから先は下り坂になると同時に、道幅が急に広くなる。

悠人さんが坂の下で路肩に車を寄せて停めると、Aさんと先輩も彼に倣《なら》った。

すると、すぐにAさんのスタリオンから先輩の彼女が転がり出てきた。

「あそこはヤバいよ！　ダメって言ったのに！」とAさんと悠人さんを交互に見てなじる。

Aさんによれば、彼女は峠道に入る手前から怯えてガタガタと震えだし、引き返してほしいと騒いでいたそうだ。

「女の霊がトンネルに憑いてるんだよ！　怖い、怖い！　もうヤダ！」

「ごめんね」と悠人さんは苦笑いしながら先輩の彼女に謝った。「そういうことか。トンネルのちょっと手前で悲鳴あげたでしょ？」

「え？」とAさんが驚いた顔になった。「トンネルの手前？　彼女、そのときは悲鳴をあげるどころか、声も出せない感じで、縮こまって震えてるだけだったよ？」

――では、あの絶叫はなんだったのか。

そう思って、悠人さんも背筋を凍りつかせたのだという。


悠人さんをインタビューした際には、幼女連続殺人事件についても少し話題に上った。

「その後、宮崎勤《みやざきつとむ》の事件で旧小峰トンネルは有名になりましたよね（注・小峯隧道は今では旧小峰トンネルと呼ばれることが多い）。事件からしばらくすると、殺された女の子の幽霊が出るという風の噂が耳に入ってきて……。でも、ご存知かと思いますが、本当の死体遺棄現場は旧小峰トンネルからだいぶ離れた場所でした。それに変なんですよねぇ……」

彼は、Aさんたちの一件の後にも、小峰峠で女の霊の存在に触れたことがあると言った。

「幼い少女の霊ではなくて？」と私は訊ねた。

「ええ。大人の女性の幽霊です。二〇年以上前に、新道が開通して新小峰トンネルができましたよね。その後、夫婦で車で出掛けてトンネルを通ったところ、妻が大騒ぎしたんです。ここを通っちゃダメ、怖い、引き返せって……子どもみたいに泣き喚《わめ》いちゃって。新小峰トンネルは六五〇メートル以上もある長いトンネルです。入ってしまった以上は引き返せないし、妻は半狂乱になるし、困り果てました。トンネルを抜けたら落ち着いてきたので、何にそんなに怯えていたのか問い質すと、旧小峰トンネルに憑いていた女の幽霊が新道のトンネルに移ってきていた……と彼女は言いました」

「子どもの霊ではなく、女の霊？　しかもそれが、移動してきたってことですか？」

「ええ。そのように申しておりましたね。それと、これは最近のことなんですが、会社で同僚が新小峰トンネルについて、妻と同じことを言っていたんです」

同僚氏曰く、「あそこだけはヤバい。あの新しいトンネルも通りたくない。旧トンネルから若い女の幽霊が来ていないか？」。

――小峰峠にある新旧二つのトンネル。そこに出没する女は何に由来するのだろう？

私はなんとなく小峰峠の麓にある古い供養塔の一群を想った。新小峰トンネルから近い山麓に一三六四年創建の真言宗の古刹があり、境内の片隅でそれを見かけたのだが。

同寺は、江戸時代には何度も火災に悩まされたそうである。

花束（滝山城跡）

都立滝山自然公園は、八王子市内でも指折りの桜の名所だ。春になると、昭和四〇年代に植樹されたソメイヨシノ、ヤマザクラ、ヤエザクラなど約五〇〇〇本の桜が咲き乱れる。

一〇年近く以前のこと。当時、台東区の社員寮に下宿していた未紗《みさ》さんは、友人のAさんと一緒に、とある邦画を観にいった。

二人は共に同期で、同じ社員寮で暮らしており、とても親しくしていた。

Aさんは映画好きで、上映中の観賞マナーに厳しい方だった。それなのに、そのときに限って重要な場面で「ゲッ」と変な声を発した。

Aさんらしくもないことだ。映画のその場面にもゲッと言われるような要素はなかったと思われた。ひどく気になったので、映画が終わるとすぐに、なぜあのときおかしな声を出したのかと未紗さんはAさんに訊ねた。

するとAさんは彼女に、昔、あの公園で怖いことがあったのだと彼女に打ち明けた。

「誰にも話したことがないんだけど……。あの場面で映っていた公園は、私の実家のそばの滝山自然公園だと思う。滝山城っていうお城の跡が公園になっていて、映画でも桜が咲いていたけど、あそこではお花見シーズンに《滝山城跡桜まつり》というお祭りが催されるの。だから物心ついた頃から毎年家族で遊びにいってた……小四の春までは」

小学四年生の春先も、例年どおり「桜まつり」に家族総出で出掛けた。しかしAさんは軽い反抗期で、お祭り会場を自由に歩きまわってみたかった。そこで隙を見て家族から離れて屋台の辺りをブラついていたら、大柄な中年男につけられていることに気がついた。

そこまで聞くと未紗さんは、思わず「ヤダ！　痴漢？」と言った。

Aさんは「私も最初はそう思った」と応えた。

「だから人混みを縫って逃げた。だけど頭が混乱してたんだね。歩いていた方向のまま走りだしたから、何かの建物の裏の、人気のない所に彷徨《さまよ》いこんじゃった。木立ちと建物の裏の通路で、反対側が板か何かで塞がれていた。男がすぐ後ろに迫ってきて、袋の鼠《ねずみ》だよ。もう捕まるしかないと思ったら怖くて声も出せなくなって、咄嗟に建物の壁際にしゃがんだ。両手で頭を抱えて丸まって、ギュッと目を閉じていると、男は私の左側に腰を下ろした」

体をすり寄せてきた大人の異性の体から、激しい圧迫感を覚えると同時に、なぜか凍えるような冷気を感じた――と思った次の瞬間、圧迫感がふっつりと消えた。

恐々と目を開けて左側を見ると、男がいた場所に、白い菊の小さな花束が落ちていた。

花束はぐっしょりと濡れて、周りに水溜まりができ、饐《す》えた臭いを放っていたという。

昔語り　――滝山城と「おねいの井戸」――

八王子には城や砦の跡が実に多い――高月城跡、滝山城跡、戸吹《とぶき》城跡、浄福寺《じょうふくじ》城跡、小田野城跡、由井氏館跡、八王子城跡、廿里砦跡、出羽山《でわやま》砦跡、初沢《はつざわ》城跡、片倉城跡、平山城跡、由木氏《ゆぎし》館跡、大石信濃守屋敷跡――これだけで一四ヶ所もある。

市内には他に、古墳や武家屋敷跡もあり、多くが公園や神社になっている。

滝山城跡は貴重な中世の城郭跡で、二〇二〇年に認定された日本遺産《霊気満山　高尾山》を構成する文化財の一つだ。

北条氏照が城主だった一五六九年に、ここへ武田信玄《たけだしんげん》の息子・勝頼《かつより》の軍勢が攻めてきて、一般には城郭内の千畳敷まで侵攻されたとされている。しかし滝山の麓の滝山街道で武田軍を喰い止めたとする説もある。いずれにせよ落城ならず、交戦三日目にして小田原方面へ転進していった。

そうした事情から、滝山城は八王子城と違って、城内で殺された者が多かったとは思えないと言われている。

だが、ここで霊と遭遇したとする噂は後を絶たないようだ。

一説によれば、かつてここで自ら命を絶つ人々が相次いだことがあったためだというが、今回、私は因果律を示す自殺の証拠を見つけられなかったことを告白しておく。

そもそも、武田軍は滝山城を攻めるにあたり、城下の村をすべて焼き払ったそうだし、街道で止まったにせよ合戦はあったわけで、人が亡くならなかったはずもない。

ちなみに、八王子市のお隣の昭島《あきしま》市側には、滝山城の鬼門《きもん》除《よ》けとして建てられた寺院、拝島山普明寺大日堂がある。

この寺で氏照の重臣・石川《いしかわ》土佐守《とさのかみ》は、娘・おねいの眼病平癒《へいゆ》を祈願して、境内の井戸で娘の目を洗った。

すると、おねいの眼病が治ったという故事から、この井戸は今も《おねいの井戸》として昭島市指定の旧跡として保存されている。

糸とり屋敷の想い出

江戸時代の南町奉行・根岸鎮衛《ねぎしやすもり》が公務の合間に書き留めた雑話集『耳嚢』は、怪談奇譚や珍しい逸話の宝庫であり、私は日頃から岩波文庫版を愛読している。

その『巻之八』に「桑《くわ》の都西行《さいぎょう》歌の事」という、こんな掌編が収録されている。

――八王子を桑の都と古俗申習はしけるは、玉川を越してあざ川といふ小さき川ある辺なる由。絶景の土地也。富士も能くみゆる土地也。土老の西行の歌也と申伝へしは、字川《あざがわ》をわたれば富士の雪白く桑の都に青嵐《せいらん》たつ

「いかにも気性ある歌なれど、いづれの集にも見えず」と、是雲といへる法師の語りぬ――

ある夏、西行法師が八王子を訪れたところ、浅川のほとりでは、冠雪した富士山を遥か遠くに望み、緑鮮やかな桑畑を風が吹きすぎていった。

この景色を西行が詠んだ歌を、八王子の生え抜きの古老が是雲さんに教えた。

インタビュアー・根岸鎮衛さんはこれを聴いて、「八王子の浅川の辺りは、富士山もよ

く見えるし、養蚕《ようさん》が盛んだから桑畑がよく育っていて、眺めが最高なんだろうな。青嵐が立つと詠《うた》うほどだから、西行法師の頃から活気があって、伸び盛りの街だったのか。昔から俗に八王子は桑の都と言い慣わされてきたが、その理由がわかったぞ。西行の歌集には収録されていないそうだけど、素敵な短歌だから書いてもいいよね」と思ったのだろう、たぶん。

根岸鎮衛が生きた江戸中期から後期の頃には、すでに八王子は養蚕を行うにとどまらず、周辺地域から運ばれてくる繭《まゆ》や生糸、絹織物の集散地として栄えていた。

桑都の名は当時すでに定着していたと見られ、また、桑都と呼ばれる街は八王子をおいて他にはなかった。

明治時代に入ると、萩原彦七《はぎわらひこしち》製糸場などの大規模な製糸工場も建てられ、大正時代には次第に織機が電化して量産体制に入った――。

「私はノルウェーのベルゲンという街に住んでいます」と、その女性は話しはじめた。

今年の二月頃、SNSを利用した無料の電話通信で、私は彼女（仮にお名前を織絵《おりえ》さんとしておく）をインタビューした。八王子の怪異体験をSNSで募ったところご応募してくださったのだが、ご当地怪談の企画で海外からご連絡いただくとは予想していなかった。

「……ですが、昔は八王子にいました。昭和四八年生まれで、四歳から八王子市の母の実家で育ったんです。そこは昔から小門町《おかどまち》で製糸業をしていた古い家で、庭に生糸の製糸工場がありました。私が物心つく頃には、工場で作業をするのは祖父母だけでしたが、中には糸巻きがいっぱいあって、子どもも心に面白い眺めでした……」

かつて織絵さんが暮らした件の家は、甲州街道と松姫《まつひめ》通りの辻の近くにあった。松姫通りは、市の真ん中を南北に貫く道だ。八王子には山梨から落ち延びてきてこの地で後半生を送った武田信玄の娘・松姫の故事が数々伝えられていて、松姫にちなんで名づけられたものが多い。

江戸初期には、この辺りに代官・大久保《おおくぼ》長安《ながやす》が屋敷を構えていたという。

織絵さんが住んでいた家も、屋敷と呼びたいような古色のついた高床の邸宅だった。

屋敷は、その「庭」に、車四台分ほどのスペースに一階建ての工場と大釜付きのかまど、それから赤い鳥居を立てた小さな稲荷神社を有していた。

織絵さんや家族が「庭」と呼ぶ、彼女の祖父母の屋敷に付属したエリアの周囲の土地も、祖父母が所有しており、そこには母方の伯父や伯母たちの家があった。

織絵さんが一〇歳の頃に、屋敷で同居していた母方の曾《そう》祖母が亡くなった。

祖父は婿養子で、女系の一族であり、この家に生まれた者は、みんな生糸にちなんだ名前を持っていた。ここでは仮に絹《きぬ》さんとするが、彼女の母は五人きょうだいの四番目に生まれた。

絹さんは高校卒業後、家を飛び出した。美容院で働きながら資格を取って美容師になり、左官職人だった父と知り合って一緒になった。

曾祖母や祖父母は両親の結婚に反対した。広い地所を持ち、製糸業が盛んだった曾祖母の代までは、何十人も工員を雇っていた。町で屈指の豊かな家だった名残《なごり》が、昭和のその当時は、まだあった。

しかし、やがては根負けして「うちの籍に入るなら……」と結婚を許した。そして長女の織絵さんが四歳になり、妹が生まれると、祖父母が持っていた土地の隅に美容院が付いた家を建てて、娘の家族を呼び寄せたという次第だ。

「祖母は信心深くて、日に何度もお稲荷さまに手を合わせるだけではなく、菩提寺にもしょっちゅう足を運んでいました。人に好かれる性質でもありました。うちに誰か来たな、と思うと、たいがい祖母のお客さんでした」

その日も、祖母の友だちが屋敷を訪ねてきた。近所に何人かいる祖母の茶飲み友だちの一人で、しばらくの間、祖母といつものように居間で談笑していた。

暖かな午下《ひるさ》がりで、祖父は工場に籠《こも》って糸を紡いでおり、屋敷には祖母と子どもたちしかいなかった。お客さまの邪魔をしてはいけないから、織絵さんたちは離れた部屋にいた。

やがて居間の固定電話が鳴り、祖母が席を立って受話器を取った。

——それは、今まさに彼女と会話していた友人の急逝《きゅうせい》を報せる電話だった。

「そんなはずはありません。だって、さっきから、うちにいらっしゃいますよ？」

電話にそう応えながら友人の方を振り向いて、祖母は、いきなり頭から冷たい水を浴びせられたかのように慄いたという。

友人が来て、ほうじ茶を淹れ、家にあった茶菓子を銘々皿《めいめいざら》に乗せ、黒文字を添えて出した。テーブルの上に二客ある茶碗は、片方だけ中身が減っていた。友人も、お茶と茶菓子に口をつけていたはずだが、それらは今出したばかりのようだった。


織絵さん自身が体験した出来事もある。小学四年生の夏休み。熱帯夜の夜だった。

突然ぱっちりと目が覚めて、薄暗い部屋を見回すと、勉強机の前に誰かが立っていた。

織絵さんの方に背中を向けているので、その人物の顔は見えない。

丈の長い、淡いピンク色をした、繊細な薄地のネグリジェを着ている。

お母さんかな、と、織絵さんは思った。あんなネグリジェに見覚えはないけれど、まだ母は三〇歳で、とても美しく、ああいう衣装も似合いそうな気もした。

声を掛けるタイミングを計っているうちに、その人がゆっくりとこちらを振り向いた。

——見知らぬ女の人だった。彼女に目を合わせて、優しそうに微笑みかけてきた。

そして、微笑しながら、足もとからスーッと薄く透けはじめて、次第に消えていった。


「姿が消えだした途端、とっても怖くなってしまいました。完全に消え切る前に、タオルケットを頭から被って、一睡もせず、朝までじっとしていました」と織絵さんは言う。

タオルケット越しに朝の光を感じてから、恐るおそる彼女は起きた。

勉強机の前には、何も痕跡がなかった。

断じて夢でなかったと確信していたけれど、話したところで信じてもらえるとは思えなかった。それにまた、もっとも気軽に話しやすい家族といえば母だったが、母はオバケの類が大の苦手だったのだ。

だから一年ぐらい経って、何かの折に、父に打ち明けた。

どうせ疑われる、と覚悟していた。しかし予想に反して、父はあっさりと信じた。

「たまには、そんなことも起きるものだよ。織絵が生まれる直前で、お母さんが産婦人科に入院していたときに、真夜中に突然、鍵を掛けていたはずの玄関のドアが開いて、ずっと前に亡くなった親戚のおばさんが入ってきてね……。『おまえ、頼むよ。しっかりおし』と厳しい顔で言うじゃないか！　言い終わると同時に掻き消えて、なぜかドアも元どおり閉まっていたっけ……」


織絵さんが小中学生の頃、景気はおおむね上向きで、ことに中学校に進学した頃はバブルの絶頂期だったから、父の左官業も母の美容院も繁盛していた。

両親は仲睦まじく、祖父母もその頃は元気だった。

働き手を雇わなくなって久しい製糸工場は、経済的には維持する意味を失っていたが、祖父母は、ほとんど毎日工場に入って糸を紡いでいた。

老後の愉しみだったのか、それとも糸取りに自分たちの存在意義を見い出していたのか。

それは織絵さんにはわからなかったが、工場に入る邪魔をしてはいけないと感じていた。

――彼女が一五歳のとき、母が癌《がん》を患《わずら》い、あれよあれよという間に亡くなった。

進行が早く、六月に入院して、一二月初旬には、いつ亡くなっても不思議ではないほど重態に陥《おちい》ってしまった。

入院していた病院は西八王子駅のそばで、家から通いやすかったから、最期が迫ったとわかってからは、父と妹と織絵さんの三人で、毎日お見舞いに通った。

織絵さんたち姉妹を病院の売店に行かせて、その隙に「お父さんキスして」と母が乞うたのだと――葬儀の後で父から聞いた。

「じゃあ、明日も来るよ」と織絵さんは母に言って、父と妹と一緒に帰宅した。

その日の深夜、父に揺すり起こされた。

「今すぐ病院に行くから、急いで支度して」

母の危篤を悟り、涙をこらえながら、なぜか、元気な頃に母が愛用していたヘアブラシを持っていかなければいけないと閃いた。

新婚当初に買ったという鏡台にいつも置かれていた、上等な黒檀のブラシ。

母は奇跡的に髪の毛が抜けていなかった。

病院に着いたときには、もう亡くなっていた。眠るような死に顔だった。枕もとで泣いていたら、看護師に「娘さん、もしかしてブラシ持ってない?」と訊かれた。

なぜわかったのだろう? とても不思議だったが、持ってきた黒檀のブラシを渡すと、その看護師は黙って母の髪を梳《と》かしはじめた。

享年三九。半年の闘病生活で顔はやつれていたのに、髪は黒々と豊かで、艶やかだった。

「母は、最期にお気に入りのブラシで髪を梳かしたかったのかもしれません。思えば、母の死が、我が家の終わりの始まりでした。母が逝く一年前に、伯父が製糸工場と屋敷を潰して、マンションを建てたのですが……」

その伯父は、織絵さんの母のいちばん上の兄で、元々、祖父母が所有する敷地に家を建てて住んでいた。建て替えが行われたのは一九八七年。

伯父は銀行から強く勧められたようで、他の親戚もほとんど反対しなかった。唯一、祖父が抵抗していたが、最後には伯父に説得されて渋々承知した。

稲荷神社はマンションの屋上へ移された。祖父母は、伯父の家族と一緒にマンションのペントハウスに住みはじめた。すると、たちまち祖父が認知症を患った。

織絵さんの母が亡くなった翌月には、母方の従兄《いとこ》が、まだ一六歳だったというのに、下校途中の通学路で殺されて死んだ。不良に絡まれて、刃物で刺されたのだという。

それから、長年この町のひと所にかたまって住んでいた親族は、絡みあった糸が解けるように、一人、また一人と少しずつ離れて、散り散りになっていった。

「一二年前に祖母が亡くなり、祖父は介護付き有料老人ホームに入りました。そして、その翌年、父も癌で亡くなりました。まだ六一歳でした」

その頃、織絵さんの妹は妊娠中だった。何年も前から横浜で家庭を築いていたのである。

織絵さんも二一歳で北欧に留学して、大学卒業後、現地の男性と結婚していた。

末期癌で入院したと聞いて、看病のために、とりあえず一ヶ月の予定で帰国してみると、父はすでに担当医から絶望視されていた。

再会から三週間が過ぎ、衰弱が進んで目も見えなくなった父が、こんなことを言った。

「今日は、絹が来てくれているね？」

ベッドを寄せてある側の壁を骨と皮ばかりになった手で撫でて、「ここから出てくる」と愛しそうにつぶやいた。

彼女にはただの壁としか見えなかったが、父は母と再会しているのだと思った。

その後、間もなく父は亡くなった。葬儀に来た近所の人が、二、三日前に、家の前を通りかかったとき、父の声が家の中からしてきたから退院したんだと思っていたと言っていた。

「……その家も、母の美容院ごと、もうありません。祖父も他界しました。私は家族とノルウェーに移住して、今は、こちらの大学で言語学などを教えています。懐かしい八王子の話を聴いてくださって、どうもありがとうございました」

同級生からのメッセージ

前作『八王子怪談』の「夢枕に立った話」で高校時代の体験談を語ってくれた徹さんは、長じて、ケーブルテレビ局で番組制作に携わるようになった。

今から二〇年ほど前の話である。彼は当時二八歳で、公私共に充実した日々を送っていた。仕事は性に合っていて面白く、恋人との仲も円満。もちろん夜は熟睡だ。

そんなとき、人は、あまり夢を見ないものだ。「夢枕に立った話」でご先祖さまの夢を見た彼だったが、あのとき以来、夢を見た記憶がなかった。

ところが、ある日、久しぶりにこんな夢を見た。


ふと気づくと、彼は高校の教室で、自分の席に着いていた。

背中に何かがコツンと当たり、「なんだよ」と振り向いたら、斜め後ろの席に座っているカズオと目が合った。ニヤニヤと笑いかけてくる。足もとに紙つぶてが落ちていた。カズオの奴め、ちょっかいを出してきやがったな、と思いかけて、ふと疑問が湧いた。

——席順がおかしい。カズオの席は、そこじゃない。

ここは八王子市内の某大学付属の男子校である。在学中の三年間、席替えがなかったので、教室のどこに誰が座っていたか、彼は、はっきり憶えていた。

「では教科書の○○ページを開いて……」

今は授業中だ。黒板の前に、厳しいことで有名な教師が立っている。

「ねえ、徹ぅ、ちょっと聞いてよ。あのさぁ」

「シッ！　カズオ、うるさいぞ」

彼は授業に集中しようとした。ところが前を向くや否や、またカズオが何か投げてきた。

……今度は消しゴムだ。「小学生かよ」と徹さんは振り返って毒づいた。

カズオは無邪気な悪戯《いたずら》っ子みたいな笑顔で応えた――ハシバミ色の瞳がキラキラと輝いて、憎らしいほどハンサムだ。カズオは容姿に恵まれている。スタイルが良くて顔立ちも整っている上に生まれつき色素が薄いため、いずれも団栗《どんぐり》の背比べであるこの男子校の生徒の中では、ちょっと目立つ存在であった。

「徹、こっち向いて。少しぐらい平気だって」

「いい加減にしろよ！」

再び振り返ると、共学だったらモテたはずだと思うチャーミングな笑顔が目に飛び込んできて、その刹那に、ふと、同級生から聞いた最近のカズオの噂を思い出した。

——そうそう、飲み屋で逆ナンパされたんだってね。うらやましい奴め。

そう思ってから、激しい違和感に戸惑った。カズオが飲み屋で女性から誘われたと聞いたのは、社会人になってしばらく経つ、現実世界の自分自身だ。

ギョッとして柔和な笑顔を見つめ返す……と、教室や他の同級生や教師と共に、カズオも消えて、徹さんは一瞬、暗黒の虚空に投げ出された。

驚愕したのも束の間、次に彼は、何か車の運転席でハンドルを握っていた。

最初は混乱したが、周囲の景色——左右の隔壁や中央分離帯、センターラインが引かれた路面との距離感など——から、徐々に事態が呑み込めてきた。

乗ったこともない大型トラックのドライバーになって、高速道路を走っているのだ。

しかも、夜の高速道路だ。青黒く沈んだ空が、隔壁に蓋をしている。

緩い左カーブが続く。どこまでも続いて、果てしがないように思えるほど、延々と。

単調すぎて、眠たくなりそうだ……。

そこでハッとして目を覚ました。時計を見ると、まだ午前一時過ぎだったから寝直した。

次に目覚めたときには、すっかり部屋が明るんでいて、先に起きていた恋人が「おはよう」と話しかけてきた。

「そろそろ起きないと遅刻しちゃうよ」と言われて、時計を確かめると、午前七時だった。

身支度しながら、今見た夢を思い返してみた。隅々まで鮮明に憶えていたので、記憶を再生しながら、彼女にこの夢の話をした。

そのときは、起きても忘れない夢が珍しくて、面白いと感じていただけであった。

しかし、三日後、高校時代の同級生・Aさんから電話が掛かってくると、この夢が急に意味を持ちはじめたのである。

「カズオが、交通事故で亡くなったよ」

Aさんとカズオさんは高校以来の親友同士だった。カズオさんの家族とも交流があったことから、同級生への連絡係を買って出たようだ。

「カズオとは、明後日、会う約束をしていたんだ。それが昨日の晩……。俺、本当はこういう役目なんて、やりたくなかった。事務的なことは苦手だし、それに……」

最後は涙声だ。「わかった！」と徹さんは言った。

「僕が手伝うよ！　職業柄、アポを取るのは慣れているんだ。僕に任せて、少し休みな」

徹さんは、男子校の同級生やクラス担任に訃報を送り、葬儀の日程を報せた。

カズオさんは高校卒業後は進学せず、運送会社に就職して、大型トラックのドライバーになっていた。ドライバーといっても社員登用されていたので、葬儀は運送会社の人々が主体となって執り行われ、お蔭で徹さんは同級生たちとゆっくり会話することができた。

特にAさんとは、夢についても話すことができた。

お斎の折に、Aさんからカズオさんの弟を紹介された。そこで徹さんは、前から聞きたいと思っていたカズオさんが亡くなったときの情況を訊ねた。

するとAさんが「俺から話すよ」とカズオさんの弟に言った。「俺はもう、大丈夫だから」

「ごめんね。でも……実は僕、正夢を見たのかもしれないと思っていて……だから、どうしても知りたいんだ」

「正夢？」

「うん。ふざけているわけじゃないんだ。どうか怒らないで聞いてほしい」

そこで徹さんはAさんとカズオさんの弟に、例の夢について事細かに打ち明けた。

彼の話を聞くと二人とも唖然として、しばらく言葉が出なかった。

Aさんが徹さんに応えた。

「その夢の通りだよ。カズオは高速道路を通行中、居眠り運転をして、前を走っていたトラックに追突した。ノーブレーキで突っ込んだ形跡があったんだと。ぶつけられた方は奇跡的に無事だったけれど、カズオは即死に近い状態で、搬送中に死亡が確認されたそうだ」

「それは何時頃？」

「事故が起きた時刻はよくわからないけど、亡くなったのは午前一時過ぎだ」

それを聞いて、徹さんは戦慄《せんりつ》を覚えた。

「待ってくれよ……。それって、夢の後で最初に目を覚ましたときと同じ時刻だよ」

奇妙な偶然の一致は、まだ他にもあった。

悲しい席ではあったが、懐かしい顔ぶれが集まっていた。徹さんたちの高校には同窓会というものがなかった。カズオさんとAさんのように個人的に親しくしている者たち以外は、なかなか会う機会もなく過ごしてきたのである。

ちょうど卒業一〇周年でもあった。徹さんには、節目のときに、カズオさんが再びみんなを引き合わせてくれたように感じられた。みんなに会えた喜びと切なさに引き裂かれて、複雑な想いでいると、担任教師が、そこにいる全員に同窓会の開催を提案した。

是非もなかった。開催の実行役は、徹さんとAさん、そして、Aさんに次いでカズオさんと親しかったBさんに決まった。

まずは三人で八王子市内の居酒屋で落ち合って、計画を立てた。

そのときBさんが、こんな話をしはじめたのだ。

「カズオが息を引き取った時刻に、うちのドアがノックされたんだ」

Bさんは、その頃、市内の都営団地に住んでいた。一九八〇年に竣工したアパートで、鉄製の玄関ドアをノックされると、銅鑼《どら》を叩いたかのような大きな音が鳴り響く。

「ドーンドーン、ドンドンドンドーンって、何度も思いっきりドアを叩くもんだから、飛び起きちゃったよ。時計を見たら午前一時をちょっと過ぎた頃だろ？　火事だと思うじゃないか。でも違った。起きて玄関の外を見にいっても誰もいなかった。姿は見えなかったが、きっとカズオの幽霊が訪ねてきていたんだ。……葬式の日の夜もだよ！」

「え？　お葬式の後？」

「そう！　もう寝ようと思って、零時ぐらいに蒲団に入った。そしたら、テレビがいきなり点いたんだ！　それで電気を点けてリモコンを探して、テレビを消したら、なぜか部屋の電気も全部消えて真っ暗になった。怖いだろ？　だから『カズオ、ふざけんなよ！』って怒ったら、電気がパッと点いた。テレビは消えたままで、それからは正常に戻った」

そういえば……と徹さんは高校時代のBさんとカズオさんの関係を想い起した。

この二人は、彼らの学校で禁止されていた、バイク通学の仲間だったのだ。

「俺のところには、なんで来ないんだろうな」と、寂しそうにAさんがぼやいた。

「霊感がなくて気がつかないだけじゃないの？」とBさんが指摘した。

霊感はさておき、それからは、特に不思議な現象は起きなかった。

ただ、その後、同窓会がきっかけとなって、徹さんは、カズオさんの死の瞬間を生々しく想像することになった。

件の同窓会は九割を超える出席率で、葬儀に参列できなかった者も出席した。その一人で、今は福島県に移り住んでいる同級生が、カズオさんの事故を報じた新聞を持参した。それは福島の地方紙で、記事を読んだところ、福島県いわき市のいわき警察署が、この事故の管轄署だとわかった。

さっそく彼はいわき警察署に連絡して、事故を担当した警察官と電話で話した。

――実はこのとき徹さんは、二年前に世間を騒がせていた某自動車メーカーのリコール隠し事件が、カズオさんの事故に何か関係があるのではないかと疑っていた。

カズオさんはノーブレーキで追突した。だから、もしかするとブレーキに欠陥があったのではないかと想像していたのだが、警察官によれば、カズオさんのトラックは別の自動車メーカーの製品だった。落胆とも安堵ともつかない複雑な心境で通話を終えたそのとき、夢で見た夜の高速道の景色がありありと脳裏に蘇り、なぜか涙が溢れてきたという。

「そのとき、この涙はカズオくんの涙だ、これは彼が最期に見た景色だと直感しました」

彼は、友に代わって此の世を惜しみ、涙が涸れるまで泣きつづけた。

いられない（昭和三〇年 米軍機墜落事故現場付近）

礼美《れみ》さんの兄は、ペット禁止のマンションに引っ越したが、入居してすぐに、捨てられていた仔猫を二匹拾ってしまった。たちまち情が移り、大家に内緒で飼おうとしたけれど、すぐにバレて、仔猫を手放すか退去するか、選択を迫られた。

そこで彼は、同じ八王子市内で独り暮らしをしている妹の礼美さんと、住まいを交換することにした。礼美さんのアパートはペットが禁じられていなかったのだ。

そういう次第で、礼美さんは兄が借りたマンションに引っ越してきた。

ところが、来て早々に異変が起きた。初日の深夜、玄関の外の廊下で馬鹿騒ぎしている人々がいて、怖そうな輩《やから》でなければ注意してやろうと思い、ドアスコープで外を覗いてみたところ人影が見当たらなかった。信じ難い気持ちで、今一度ドアスコープを覗き込んだら、外にいる何者かがドアをドスンと蹴りつけた。

しかし、ドアスコープから窺う限りは誰もいないのだ。……外に出てみる勇気はなかった。

その明くる日の晩には、蒲団で寝ていると、畳を踏む軽い足音が聞こえてきて、それが蒲団の裾を踏み、次に胸の上に飛び乗ってきた。

彼女が跳ね起きると同時に消えたが、その重みや感触からすると子どものようだった。我慢できないので、翌朝すぐに荷物をまとめて逃げ出すことにした。他に部屋を借りる余裕は自分にも兄にもないし、わけあって実家は頼れない。しばらく兄と同居する羽目になるが、とにかく、こんな怪しい部屋にはいられない。

さっそく引っ越し直す準備をしていたら、ぐらぐらと激しく足もとが揺れだした。大地震だ。棚が倒れ、食器が割れる。まだ揺れが治まらない。このままでは建物が倒壊するのではないかと思い、礼美さんは玄関ドアを開けて、勢いよく外に飛び出した。

廊下で鉢合わせしそうになった隣の部屋の住人が、目を丸くして彼女を見つめた。

「どうされました?」

そのとき、地面が少しも揺れていないことに気がついた。後にしてきた部屋の方を振り返ると、大震災に遭った後さながらで、足の踏み場もないほど、めちゃくちゃになっていた。

——この話の現場を検証してみたところ、件のマンションが一九五五年に起きた米軍機墜落事件の現場付近に位置することがわかった。詳細は省くが、このとき市内某所の民家など数軒が事故に巻き込まれて墜落機と共に爆発炎上し、民家の住民五名とパイロット一名が亡くなった。犠牲者の一人は七歳の子どもだったという。どうぞ安らかに……。

黒電話と生首

二〇年以上前になるが、当時大学生だった徹さんは、《なかよしこ線橋》のすぐ近くでアルバイトをすることになった。線路ぎわのマンションに入った個人事務所で、代表の他に先輩スタッフが一人いた。事務室の窓から、昔の踏切の遮断機の跡が見えた。

アルバイトの初日、夕方になって、自分たちがいる隣の部屋で電話が鳴りだした。

隣の部屋は倉庫だった。事務室の電話には着信がないから、隣の電話は子機ではないと思われた。徹さんは急いで倉庫の電話を取りにいった。

すると「いいから！」と先輩が言った。なぜか声が尖っていた。しかし、そのときにはすでに徹さんは電話を見つけていた。

棚の隅に、古めかしいダイヤル式の黒電話が置かれている。受話器を取ると、リンリンと鳴っていたベルが止んで、シンと静まり返った。

そのとき先輩が飛んできて、徹さんから乱暴に受話器を取り上げた。その勢いで棚から黒電話の本体が落ちたのだが――コードが付いていなかった。

唖然としている徹さんに「ね？」と先輩は問いかけた。

「この電話が鳴ったような気がしても、取らないで。それから、この辺りで夜になると道に生首が転がっているのを見かけるかもしれないけど、幻だから、気にしないでね」

諭す口調でそう言いながら、先輩は黒電話を棚に戻した。

そんな電話を処分しない理由がわからなくて不気味だし、いつか生首を見ることになるのかと思うと怖かったので、彼は早々にそのアルバイトを辞めてしまった。

八王子の心霊スポットには、新旧さまざまある。

八王子に限らないが、怪談的な伝説や昔話には、悲劇的な史実が基になっている話が少なくない。それらのスポットは「旧」に分類できる。

では「新」の方はどんなものかといえば、一九四五年以降の現代に入ってから発生したスポットだ。

たとえば『八王子怪談』にも登場させた《なかよしこ線橋》。

かつてここには踏切があり、全国ワースト二位の人身事故多発地帯だった。安全策として踏切を廃止して跨線橋が架けられ、現在に至る。

ところが、未だに踏切で死んだ人々の魂が地縛霊となって出没すると噂されている。

消えた時間（旧多摩テック付近）

日野市程久保《ほどくぼ》と八王子市堀之内《ほりのうち》は隣り合っており、境界の日野市側に多摩テックという遊園地があった。

一九六〇年代に開園した乗り物系のアトラクションが満載の遊園地で、私もよく遊びに行ったものだ。天然温泉のスパ施設も併設されて人気が高かったが、二〇〇七、八年の世界金融危機の影響を受けて、二〇〇九年の九月三〇日に終園、閉鎖された。ついでに、多摩テックを訪れるカップルを当て込んでいた遊園地周辺のモーテルも潰れてしまった。

その後、廃墟となったモーテルに、近隣のやんちゃな少年少女が入り込むようになった。建物が放置されているのをいいことに、コテージに泊まってしまう猛者《もさ》もいたらしい。あっという間にどのコテージも荒廃が進み、如何にも幽霊が出そうな雰囲気になった……どころか、根拠は不明ながらも、なぜか心霊スポットとして知られはじめた。

そんな頃のある日、八王子の一七、八の少年少女、五人組が、原付バイクで件の廃モーテルに乗りつけた。到着したのは深夜零時。学校に通っていれば夏休みの時季だったが、五人とも高校をドロップアウトして遊びとバイトに明け暮れていた。

用意してきた懐中電灯で周囲を照らしながら探検していたところ、ある一棟のコテージに足を踏み入れた途端、ベッドサイドに備えつけられた電話が鳴りだした。

たまたまそばにいた少女が、「マジ？」と笑いながら受話器を取った。

「なーんも聞こえないよ」と、受話器を耳に当てて他の連中に報告した。

「鳴るわけないじゃん」と誰かが少し怯えた口ぶりで言った。

なんとなく怖くなってしまい、みんなでコテージの外に出た。「もう行こう」と誰かが提案すると同調する雰囲気になって、各々、乗ってきた原付バイクにまたがった。

そのとき、さっき電話を取った少女がいないことに、残る四人全員が気がついた。

さきほどのコテージは無論のこと、モーテルの敷地全体を手分けして探しても見つからない。四人は、終いには半泣きでモーテルや多摩テック跡地の周辺をバイクで巡り、いなくなった少女を探した。

およそ三時間後、念のために問題のコテージに戻ってみたら、中からひょっこりと件の少女が現れて、「ひどいよ！　みんなどうして先にいっちゃうんだよ！」と怒った。

聞けば、彼女の感覚では受話器を取ってから一分も経っておらず、いつの間にか誰もいなくなっていたので、慌てて外に飛び出したのが今だ……というのだが。

煙の顔

八王子駅から西に一キロほど離れた、住宅街の中に織物や染物の工場がポッポッとある辺りに、未海《みみ》さん一家の家がある。この界隈では珍しい、店と住まいを兼ねた一戸建てで、一階が、美容師の資格を持つ未海さんが担当する美容室と、整体師の母と兄が受け持つ整体マッサージのコーナーに半々に分かれた店舗で、二階は家族の住居になっていた。

営業時間中の休憩も二階で取る習慣で、五月の午下がりのそのときも、彼女は二階の自室で休もうとしていた。

ところがベッドに横になると間もなく、網戸にした窓から真っ白い煙がもくもくと入ってくるではないか。

「え？　何？」

ギョッとして体を起こしたが、そうするうちにも煙は量と濃度をみるみる増して、直径一メートルは優にある白い塊《かたまり》を成してきた。

宙に浮かぶ、大きな綿菓子のようでもある。

呆気に取られていると、それに耳が生え、目鼻口ができて……。

見知らぬおじいさんの巨大な顔になった。右の小鼻に目立つイボがある。如何にも好々《こうこう》爺然《やぜん》とした笑みを浮かべて、こっちを向いた。

悲鳴をあげて部屋から走り出て階段を駆け下りたところ、「救急車！　救急車！」と叫ぶ兄の声が耳に飛び込んできた。

何かと思えば、母がマッサージを施していたお客さんが急に苦しみだして意識を失ったのだという。母は「しっかり！」などと声を掛けているが、その人は施術台の上にうつぶせになったきり微動だにしない。

未海さんは煙の顔を見た恐怖を忘れ、慌てて一一九番に電話をした。

そうする内にも、予約を入れてくれていた美容室のお客さんが来てしまうわ、兄は他の整体のお客さんの動揺を抑えるのに必死になるわ……。母だけは問題のお客さんに病院まで付き添ったが、彼女と兄は、救急車を見送る余裕もなかった。

それから一週間ほどして、店に高齢の男性が菓子折りを持って訪ねてきた。

「先日はお騒がせして申し訳ございませんでした。お蔭さまで助かりました」

未海さんたちに向かって御礼を述べるその顔に、たしかに見覚えがあった。

小鼻のイボ。人好きのする微笑み。

あの煙の顔の、その人なのだった。

ついの棲家　――大工棟梁妻語り――

手紙

昨今、読者さんからのお便りの多くは、ＳＮＳで直接、私のアカウントに寄せられる。ことに竹書房怪談文庫の拙著については、編集部が熱心にツイッターなどを更新してくださるためか、感想やお問い合わせが封書の手紙で届いたことは今まで一度もなかった。しかし、他所の版元さんには私宛ての手書きのお便りが届いたことはあり、また昨年『八王子怪談』を出してからＳＮＳで感想を頂戴することが急に増えていたので、その手紙も、てっきりそうしたものかと思っていた。

編集部経由で封書を頂いたのである。消印は一〇月一九日。『八王子怪談』の発売日は八月末だから、読後に想ったことをまとめて書き送るには、時期もちょうどいい。

ところが、封筒を開けたところ、一枚の紙焼き写真がひらひらと舞い落ちた。

見れば、半壊した道了堂の写真であった。右下に「八四年一月二日」の日付が入っている。

一九八三年に、鑓水の道了堂は火災で半焼した。床の大半と屋根の一部が焼け落ちて、倒壊する恐れが高くなったため、その後、柱を受けていた礎石《そせき》を残して取り壊された。

では、この写真は、廃墟が解体される前に撮られたものに違いなかった。

写真に同封された手紙に、こんな追伸が付いていた。

「これは実家のアルバムにあったものです。道了堂はウィキペディアでは一九八三年に火災で焼損したため解体されたとありますが、父が撮った写真の日付けは……(以下略)」

一読して、私の実家の近所に住んでいた方だと直感した。

なぜなら、火災があった道了堂跡にわざわざ出向いて写真を撮るのは、よほどの物好きか地元の人間しかいないと思われたからだ。これまで何度も書いてきたように、私の実家は片倉で道了堂跡から近い。ならば、このお便りの主とももご近所だった可能性が高い――。

と、予想していたら、果たしてそのとおりだった。

お便りの一枚目に「わたしが川奈さんの本で初めて手に取ったのは『赤い地獄』です。この本に実家のある片倉の事が書いてあり……」と書かれていた。近所も近所、続く文章を読み進めてみたら、なんと片倉の中でも同じ住宅団地に実家がある者同士だとわかった。

そして、この手紙は感想文ではなかった。そこには書き手の女性の婚家《こんか》に絡む怪異が、一三枚にわたって、めんめんと綴られていた。

私はさっそく彼女に電話インタビューを申し込み、それが昨年の暮れに実現すると、今年の一月一日にも、元旦の八王子七福神めぐりの途中でご自宅に、甥と姪をつれて立ち寄らせていただいて、取材を補完した。

ここから先は、主に彼女の一人称「わたし」に語っていただく。

手紙に書かれていた内容を整理して、彼女が体験した怪異を中心に書こうと思う。文章は手紙の文体ではなく、二人で会話したときの彼女の口調に寄せて、構成も大幅に変えた。

尚、関係者の特定を避けるために、仮に、彼女の婚家をN家、その屋敷をN邸とする。

片倉から西八王子へ

わたしの実家は片倉駅に近いところにあります。わたしが中三の昭和五〇年に、父が八王子支店に異動したために、それまで住んでいた横浜から家族でそこに引っ越してきました。隣がお寺で、境内の観音さまや墓地が二階から見下ろせる家でした。

家族は、両親と弟とわたし。

実家にいた時分はスピッツ犬を飼っていて、休日のたびに、父や弟と連れ立って、道了堂跡まで犬の散歩に行ったものでした。

川奈さんが本に書かれていたように、中学生の頃でしたか、わたしも道了堂跡で打ち捨てられた雛祭りの節句人形を見たことがあります。転校してきたわたしに同級生たちから、八王子にある怖い場所として、道了堂、今は跨線橋になっている学園踏切、八王子霊園の電話ボックスを教えてもらった後でしたから、とても不気味に感じたものです。

わたしは二七歳で結婚して、夫の家族が代々住んでいる西八王子の家に移りました。

――そうです。元日に川奈さんが甥御さんや姪御さんを連れてご挨拶にいらした、あのN邸が、その家です。甲州街道に面していますから、秋になるとイチョウ並木の黄葉がとても綺麗です。あのイチョウは、大正天皇の御陵が竣工した記念として、昭和四年に植えられたそうですが、この土地に根づいた時期は、N家の方が古いのです。

以前、夫が菩提寺で過去帳を調べてもらったところ、江戸時代の享保一四年から先祖の「大工某」と屋号の記録があって、数えてみたら彼が一七代目だったそうです。

つまり、およそ三〇〇年前から、ここで先祖代々、大工の棟梁《とうりょう》をしてきたのですね。

でも、現在のN邸は、まだ築七四年にしかなりません。古くて立派なお屋敷があったようなのですが、八王子空襲で母屋も何もかも焼けてしまったのです。

ですから、そんなに古くはない……とはいえ川奈さんはともかく、若い甥御さんたちの目には、まるで時代劇に出てきそうな古色蒼然《こしょくそうぜん》とした家に映ったに違いありません。

玄関は『サザエさん』の家のような引き戸ですし、高床になった上がり框を上がると、板敷の狭い廊下を挟んだ正面が一の間で、お客さまをお迎えするお部屋です。

一の間の奥の襖《ふすま》を開けた先が、掘りごたつのある茶の間、そのまた奥が食堂と台所。

茶の間の、玄関から見て左側の襖を開けると、仏間に出られます。一の間、茶の間、仏間、そしてもう一つの座敷は、大黒柱を挟んで、伝統的な田の字型に並んでいます。

でも何度か改築や増築をしているので、他にも部屋はあり、二階もございます。

まあ、どんなに手を入れても、谷崎潤一郎《たにざきじゅんいちろう》の『陰翳礼讃《いんえいらいさん》』じゃありませんけど、方々に暗がりがわだかまっている感じだけは、どうしようもありませんが……。特にトイレに行くまでの廊下が昼間なのに真っ暗で、若い方たちは驚かれたんじゃないでしょうか。

最初にお伝えしたように、わたしは片倉の新興住宅地で育った、典型的な昭和のサラリーマン家庭の娘でしたから、結婚当初は、N邸の古めかしさに大いに戸惑《とまど》いました。もうね……初めてこの家に足を踏み入れたときに、こんなところで暮らすのは無理なんじゃないかしら、と不安になったものです。

如何にも出そうでしょう？　勘が鋭い人には、不思議な気配が感じ取れるようですよ。

――姪御さんが後で「いっぱい、いた」とおっしゃっていたそうですね。

たぶんわたしは霊感が鈍い方で、実家では霊的な経験をした試しがありませんでしたが、ここに来てからは、さまざまな怪しい出来事を見聞きしたり体験したり致しました。

騒霊

平成三〇年九月一三日のことです。一階の奥の座敷で、夫と探し物をしていたところ、ガラス障子《しょうじ》で隔てられた廊下の方から「パシッ」と鋭い音が聞こえてきました。

そのとき家には、夫とわたしだけでした。「なんの音？」と夫に訊いても、心当たりがないと言って首を捻《ひね》っています。すると、さっきの音から一分もしないうちに、今度は廊下を挟んだ向かい側の引き戸が、乱暴に開けたり閉めたりされる音が響いてきました。バタバタバタッと、引き戸が戸袋に繰り返し打ちつけられているとしか思えません。

そっちは仏間なんですよ。夫もわたしも偵察しに行く勇気が出なくて……。

しばらくして（長く感じましたが三分ぐらいでしょうか）音が止むと、夫が「仏間から誰か来たんじゃないか？」と言いました。

そこで、仏壇の過去帳と位牌をあらためて調べたのですが、九月一三日に亡くなった者はおりませんでした。

——これは、いわゆるポルターガイストですよね。日本語では騒霊と呼ぶとか。

騒霊現象なら、うちはたまに起きるんです。

我が家には、かつては舅《しゅうと》や姑《しゅうとめ》、小姑とその家族などもおりましたし、子どもも四人いましたが、今ではわたしたち夫婦と三女の三人だけで暮らしております。

三女は保育士で、市内の保育園に勤めています。ある夜、帰宅した三女が二階へ上がろうとしたところ、階段の上のペンダントライトの電球がスローモーションのような感じでゆっくりと消えたかと思うと、すぐに再び点灯しました。

「今のは何？」と三女は怪訝《けげん》な顔でわたしに訊きましたが、わかるわけがありません。ただ、なんとなく彼女が何か霊的な存在を連れてきたような気がして、仏壇からお線香を持ってくると、火を点けて、煙を階段の上へ流しました。

コロナ禍の前ですが、三女が友人たちと幕張の方の遊園地から帰ってきたときも、変なことがありました。

その日、三女は夕方の六時半頃に、件の遊園地から帰宅しました。

帰ると間もなく、台所で夕食の支度をしていたわたしのところに来て、スマホを貸してほしい、と……。なんでも、自分のスマホのバッテリーが上がってしまったそうで。

ニュースを見るだけだと言うので貸してあげると、スマホを持って台所の床に座り込んで何か見はじめました。でも、数分後、いきなり娘の周囲が白く輝いたのです。

カメラのフラッシュが光ったように思えて、わたしは「ひとの携帯で、勝手に何を撮ってるの」と娘をたしなめました。ところが「写真なんか撮ってないよ。でも一瞬、明るくなったよね」と応えるのです。そこで、スマホを返してもらって確認したら、本当にカメラで何かを撮った形跡が全然ありませんでした。

遊園地のような、にぎやかな場所には、幽霊が寄ってくると聞いたことがあります。三女は、どうやら、霊を連れてきやすい体質のようです。

長女と次女が、この家で遭遇した怪奇現象もありますよ。

一年ほど前です。元日に川奈さんたちをお通しした茶の間の掘り炬燵で、長女と次女が会話していたところ、陽射しを入れるために開けておいたカーテンが、シャーッと音を立てて、ひとりでに閉じたそうです。

長女は「大声で話していたから、うるさいと思ったのかな?」と変なことを言っていました。……いったい誰が「うるさいと思った」のでしょうね?

川奈さんたちが、うちに来てくださったときに、わたしは「この窓ですよ」と言いながら問題のカーテンを開けてごらんに入れました。あのとき隣の家が目に入ったでしょう?

あれはN家の別棟で、以前は分家の人たちが住んでいました。

分家

分家というのは、夫の叔父(わたしにとっては舅の弟)の家族のことです。夫の叔父が結婚と同時にあの家を建てたそうですよ。

苗字は同じNだから、分家もN家。実は他にも、この辺りにもう一軒、N家が……。

昭和初期は、相当、羽振りが良くて大きな地所を持っていたようです。

N家は宮大工でもありますが、その頃は機屋《はたや》の旦那衆からもご贔屓《ひいき》にしていただいていたそうです。八王子は絹織物が盛んでしたから、当時は、機屋が家や工場を盛んに建てていました。絹織物で街が栄えると、N家も豊かになったわけですね。

隣にある、あの分家の建物は、現在は、うちの工務店の事務所として使っています。

でも、新婚当初は、わたしと夫が住んでいました。

その頃、ドレッサーの鏡に、おかっぱ頭の女の子の後ろ姿が映ったことがあります。

あの子の正体は、なんなのかしら。うちの仏壇にある、いちばん古い位牌は、天明四年に亡くなった女の子のものです。その子なのか、それとも、C子さんの幽霊なのか……。

怨霊

C子さんは、この世に怨みを残して死んだ親戚の女性です。夫の従姉にあたります。

亡くなったのは昭和二六年。まだ二二歳という若さでした。

夫の叔父が分家してあの家を建てる前は、夫の伯母、つまり私から見ると舅の姉の家があそこにありました――ややこしくなりますから、この女性をAさんとします。

舅の姉のAさんと、Aさんの夫のBさん、そして彼らの一人娘のC子さんが、あそこに住んでいたのは、昭和二〇年頃から二八年頃までのことです。

ちなみにAさんはBさんに入籍したのでN姓ではありませんでした――これが後に意味を持つようになるとは、彼らが結婚したときは、誰にも想像がつかなかったと思います。

さきほど申しましたが、昔、N家は内情が良くて土地をたくさん持っていました。だから新婚の二人に家を建てて住まわせるのは、雑作もないことでした。

情もあったと思います。他家に嫁いだ人であっても、Aさんは、当時は健在だった先代当主の長女ですから。また、後に分家を建てた弟は、まだ独身でしたし……。

さて、そんなAさんBさん夫妻の娘、C子さんは、年端もいかない少女の頃から素行が悪く、町の小悪党に騙されて、遊郭《ゆうかく》に売り飛ばされてしまいました。

結局、父親のBさんが遊郭に出向いて、娘のC子さんを買い取ったそうなのですが、そのときには、C子さんは父親のわからない子どもを孕《はら》んでおりました。

禍福《かふく》は糾《あざな》える縄の如しと言いますが、C子さんの家族については、不幸だけをより合わせたかのようでした。

C子さんを遊郭に売った男は他県に逃げてしまって罪を問われもせず、心身共に傷ついた彼女の子ども――男の子だったといいます――は生後間もなく里子に出されました。

C子さんは産後の肥立《ひだ》ちが悪く、もしかすると遊郭で伝染《うつ》されたのかもしれませんが、まだ二〇歳そこそこだったのですけど、重い結核になってしまいました。

昭和二〇年代には、結核は今より遥かに恐ろしい病でした。

C子さんは血を吐いて次第に弱り、肺を蝕《むしば》む病の苦しさだけではなく、男に裏切られた怨みと、赤ん坊を取り上げられた悲しみにも苛《さいな》まれながら、発病から二年後、生まれ育ったAさんたちの家で亡くなりました。

C子さんが事切れたとき、たまたまAさんもBさんも留守にしていたそうです。

白昼、突然、彼女が病の床に臥せっている隣の家の玄関が、激しい音を立てて大きく開け放たれて……。その頃には彼女の衰弱は著しく、寝返りも打てないほどでしたし、Aさん夫妻が外出しているのは、このN家の家族は全員知っておりました。

ですから、玄関の戸をそんな乱暴に誰が開けたのか不思議に思って、みんなして隣に駆けつけました。

すると、事切れたばかりのC子さんが、蒲団に横たわっていたのでした……。

だからN家の人たちは口々に「今、玄関を開けたのはC子さんの魂だ」「霊魂が体から抜けて、外へ飛んでいったんだね」などと言っていたとのこと。

ただ、亡くなったときの顔つきが、C子さんの境遇を知っているせいでそう見えたのかもしれませんが、怨みを呑んで恐ろしかったとか……。

そして父親のBさんが娘の後を追うように二年後に病死し……。

夫と娘を亡くして独りになったAさんはN邸に戻り、Aさんたちの家を潰して新しい家を建てると、分家の家族が暮らしはじめました。しかし昭和三七年には、まだ働き盛りだった夫の叔父が妻子を残して急病死してしまって……。

するとAさんが、「私の財布を盗《と》っただろう」などと難癖をつけて、母子家庭になった分家に怒鳴り込むようになったのです。こっちに連れ戻しても、またすぐに隣に行って喚き散らして暴れるので、手がつけられなかったようで……まだそんな年齢でもなかったのですが養老院に入れて、昭和四六年に亡くなるまで、家には帰らせませんでした。

……いえ。亡くなったことも、茶毘《だび》に付すにあたって養老院が連絡してくるまでは、誰も知りませんでした。

Aさんがお骨になって戻ってくると、夫の祖母は、哀れな娘の家族三人のお骨を、亡くなった分家の叔父のお墓に入れてやってくれと叔母に頼みました。

驚いたことに、BさんとC子さんのお骨は、骨壺に入れたまま、N邸にとりあえず置かれていたようなのです。父親のBさんに身寄りがなく、C子さんも苗字が違う、つまりN家の者ではないので、行き場がなくなっていたのでしょうね。

そのせいか——これは生前の姑から聞いたのですが、N邸にはときどきC子さんの幽霊が出没して怪しい現象を起こしていたそうです。姑は、変なことがあるたび庭に塩を撒いて、「C子さん、治まってください。成仏してください」と手を合わせて祈っていました。

幽霊になって迷い出てきたのはC子さんだけではなく、分家の方には、養老院で死んだAさんが現れるようになりました。

分家には、夫の従弟《いとこ》が暮らしていました。その頃はまだ少年だったと思うのですが、深夜、金縛りにあって目が覚めると、Aさんが枕もとに立っている……そういうことが毎晩のように起きたそうです。

Aさんがいる間はまったく体が動かせず、焦りと恐怖でダラダラと汗を流して耐えているしかない。明け方になってAさんの幽霊が消えるまで、何時間も……。

さらに、こちらのN邸でも、夫の妹が金縛りにあいだして、「夢かもしれないけど、動けないでいる間はずっと、女の幽霊に睨《にら》みつけられていた」と言うようになりました。

C子さんをはじめAさんの家族は不幸せだった一方、N家は、本家も分家も、叔父が早死にしたことを除けばみんな幸せでしたから、Aさんは嫉妬しているのかもしれないと、家族の誰もが考えました。

そこで菩提寺に相談したところ、Aさん、Bさん、C子さんの位牌にお経をあげて供養することになりました。

すると、なんとしたことか、Aさんの位牌がありません。

それどころか、養老院に問い合わせたところ、葬式もあげていなかったのがわかりました。しょっちゅう化けて出るのは、供養が足りないせいだと菩提寺のご仕職が言い、Aさんの位牌を作って、あらためてねんごろにお弔いをしたら、Aさんは出てこなくなったそうです。

——でも、C子さんの幽霊は、まだこの家の辺りを彷徨っているような気もします。

祖霊のたなごころ

昨今は「嫁」という言葉を耳にしなくなりました。舅や姑、小姑も、滅多に聞きません。そうしたものは、旧弊な時代と共に消えてゆくのでしょう。

しかし、わたしはN家の嫁でした。

ふつうのモダンなサラリーマン家庭に育って、まさか……と自分でも思いましたよ。職人の家というだけでも勝手が違うのに、ましてや江戸から三世紀も続く旧家で、ただ棟梁というだけではなく宮大工でもあり、姑や小姑は格式を重んじました。

また、この町は古い付き合いが生きていました。結婚後ただちに、着物姿で挨拶回りをさせられました。成人式と結婚式のときぐらいしか、着物を着たことがなかったのに。初めての子をお腹に授かって早々に、夫が長野県に長期出張してしまうと、わたしはとても心細くなってしまいました。だから妊娠四ヶ月になってつわりが治まると、夫の許《もと》へ逃げ出したんです。

それからしばらく、夫と共に長野県の別荘地に滞在していたのですが、切迫流産してしまい、その辺りでいちばん大きな病院に担ぎ込まれました。

激痛と精神的なショックで、入院したときは意識が朦朧《もうろう》としていて、応急措置を受けている間は、ずっと夢を見ていました。

――夢ではわたしは薄暗い和室にいました。立派な神棚と、床の間に飾られた古い墨壺や糸巻を見て、すぐにN邸の仏間だとわかりましたよ。

ええ、ベンガラ色の壁の部屋です。でも、川奈さんたちをご案内したときと違って、あの当時は灰色の砂壁でした。

鴨居の上から一斉に見下ろしているかのような、大勢の先祖の遺影や肖像画や、中が位牌の林のようになっている仏壇は、今も昔も変わりませんが……。

あの部屋で、神棚の前の畳に座っていたところ、ふんわりと柔らかなものに全身を掬《すく》いあげられて、赤ん坊をあやすように優しく揺らされて……。

仏さまの巨《おお》きな掌に載っているのだと悟りました。

すっかりくつろいで満ち足りた気持ちになり、ゆらゆらと揺すられていたのですが、目が覚めたら、医師に、「大量に破水してしまったので、赤ちゃんはあきらめてください」と告げられました。

しかし、なぜか、あの夢は吉兆に違いないと、わたしは確信していたんですよ。

「大丈夫だと思います。エコーを撮ってください」

そうお願いして、エコーで子宮を映してもらったら、たっぷりと羊水があって、赤ん坊は元気に動いていました。医師も看護師も驚いていましたね。

ところが内診すると、また大量に水が溢れ出てきた。でもエコーで見ると、やっぱり羊水は足りているんです。そして内診すると水が、また滾々《こんこん》と流れ出て……。

だけど、羊水は減らず、赤ん坊も健やかなままなんです。

いろいろ検査を受けましたが、結局、水の正体がわからなくて、その後、長野の病院から引き継いでもらった八王子市内の病院でも、担当の医師から、

「八王子で産科の医者を三〇年もやってきたけど、こんな症例は、見たことも聞いたこともないし、本で読んだこともない」と言われました。

だから、このことについては、N家のご先祖さまたちが、わたしを跡取りの妻として認

めて、守護してくださったのではないか……と、勝手に思っています。

神さまの印影

元日には、川奈さんと甥御さん、姪御さんたちに、夫の秘蔵写真もお見せしました。一種の心霊写真ですよね？　たくさんあって、驚かれたのではありませんか。

うちの夫は、オーブをよく撮る人なのです。

施主さんに渡すために工事現場の写真を撮ったところ、あまりにも大量のオーブが写ってしまって、施主さんにお渡しできなかったことがあります。「カメラが故障して撮れていませんでした」と謝って許していただきましたけど。

あの写真に、姪御さんたちは、老人や女性の顔や、子どもの形をした人影を見つけて、怖がられていましたね。わたしは今まで気づきませんでした。

施主さんによれば、件の家は病院の裏にあって、毎晩、見知らぬおじいさんの幽霊が現れて物凄い形相で威嚇するので、困り果てていたそうです。

工事をしてフルリノベーションしてからは、幽霊が出なくなったと言って喜ばれました。

「霊道が通っていたのかもしれない」と、写真をご覧になりながら川奈さんがおっしゃるのを聞いて、初めて怖くなりましたよ。

わたしは、適度に霊の存在に鈍いから、この家で平気でいられるのかもしれません。

――元本郷町《もとほんごうちょう》の神社の写真は、如何でした?

複雑な模様のようでもある文字が、ちょっとギザギザした囲みに納まっている、変わったオーブが写っていましたよね。

あれは、あの神社の印影の形です。工事を請け負うときの契約書に捺された印影と比べたので、間違いありません。

何枚かありましたが、どれも、なんだかありがたい感じを受けませんでしたか?

昔からN家と特別な繋がりがある神社だから、夫が施工したことを喜んでくださったのかなぁ、と、わたしは思ったのですが。

昭和に入ってから後にも、夫の祖父が神楽殿を、夫の父が機守《はたがみ》神社の社殿を手懸けて、そして二〇〇九年に夫が祓所を建立したのです。

明るい緑色に輝くひときわ大きな印影のオーブが二つ写った写真は、大きく引きのばして額に入れ、うちの神棚に祀ってあります。

追分の辻にて

追分とは、道が二つに分かれることを指す。八王子で追分といえば、追分町《おいわけちょう》の交差点だ。そもそも、ここが甲州街道と陣馬街道の追分だから追分町と呼ばれるようになり、江戸初期には地名として地元で定着していたそうだ。

交差点の周辺には《八王子千人同心屋敷跡の碑》や《追分道標》があり、歴史を感じさせてくれる。追分道標は黒ずんだ石柱で、「左　甲州道中高尾山道」「右　あんげ道」という文字が刻まれている。あんげ道とは陣馬街道のことだ。

昔は追分の辻と呼ばれていたであろうこの界隈にも、昨今は、高層マンションが建つようになった。私の子ども時代と比べても大きく様変わりしている。

この辺りで、変わりゆく辻の町らしい、ちょっと怖い噂話を二つ耳にした。

かつて、辻のそばに伏見《ふしみ》系の稲荷神社があった。空襲でいったん焼けても戦後すぐに再建されて、毎年、初午《はつうま》にはお坊さんがお経を上げたり、近所にご祝儀を配ったりしていた。ところが平成のあるとき、隣の家の持ち主が、その神社を潰してマンションを建てた。

それなりに立派なお稲荷さまと見えたが、実は、その家の屋敷神だったのだ。先祖代々、先代までは信心深かった。しかし代替わりをした今度の当主は神仏に価値を見い出さない性質で、神社をマンションの屋上に移すことすらしなかった。

やがてマンションが建つと、主の持病が急に悪化して、竣工とほぼ同時に亡くなった。その妻も後を追うかのように急病死し、マンションに隣接したビルでも変死した遺体が見つかった。

近隣の住民は伏見稲荷さまの祟りなのでは……と噂した。


辻の郵便局の裏手に、昭和四〇年代頃から男が独りで住んでいた。

数年前のあるとき、たまたま家を訪ねてきた人が、網戸を覆うおびただしいハエと、嗅いだことのない異臭に気づいて通報したところ、彼は死後数ヶ月経った遺体で発見された。まだ六〇代だったが、いつのまにか病死していたとのこと。

特殊清掃が入った。やがて作業員たちが外に出てくると、近所の人々が「お疲れさまでした」と彼らを労《ねぎら》った。すると作業員の一人が、「ここ怖いよ」とボヤいた。

そして「掛けっぱなしの室内干しが、風もないのに揺れる」と言って家の方を指差すと、ガラス窓の内側で、黄色く変色したタオルや下着が、ゆらゆらとはためいていた。

瘤の頭（湯の花トンネル）

現在は上り線と下り線に分かれている中央本線の高尾駅から相模湖《さがみこ》駅間の線路が、まだ一本の単線だった頃のこと。

当時、香《かおる》さんが通っていた中学校では、山梨県大月市の岩殿山《いわどのさん》へ遠足に行くことになった。

中央本線に乗り、八王子駅や西八王子駅、高尾駅を通過して、大月駅まで行くのである。

昔の国鉄に多かった、片側二名ずつ計四人で向かい合うボックスシートの車両に乗った。

ただし途中乗車した香さんたち中学生の一団は、前から乗ってきた乗客で席が埋まっていたので、座ることができなかった。

だが、立っている方が、かえって車窓の景色が広く見えた。

高尾駅の辺りから周囲の山が深くなった。季節は五月、晴れ渡る空に新緑が映えて雄大な眺めだ。高尾駅を過ぎて、裏高尾町の辺りでレンガ造りの古いトンネルに入った。

暗いトンネルに潜ると、ガラス窓が鏡のように車内のようすを映しだした。

香さんの前のボックスシートに座っている人々も、窓に映っている。

何気なく、自分の正面のガラスに映った窓際の男性を見て、ギョッとした。

髪の毛が一本もないツルツルした頭が、握り拳大の瘤《こぶ》で覆われていたのだ。まるで金平糖《こんぺいとう》のような頭だ。顔はふつうの初老のおじさんで、服装にもこれといって特徴がないが、こんな頭は初めて見る。乗ってすぐに気がつかなかったのが不思議だ。

そのとき同じ車両の前の方でワッと同級生たちが叫び声をあげた。「クセェ！」と騒いでいる子たちがいるから、どうやら誰かが乗り物酔いでもどすか、オンッコを漏らすかしたようだ。そっちに気を取られているうちに、トンネルを抜けた。

騒ぎが一段落して、そういえばさっきの瘤の人は……と思い出して、目の前のボックスシートに視線を移すと、そこにはたしかに初老で禿げ頭の男性はいたけれど、頭には一つも瘤など無かった。

後に、高校生になってから、そのトンネルは《湯《い》の花トンネル》といって、終戦直前に乗客を満載した列車が米軍機の銃撃を受けて大勢の人が亡くなった場所だと知った。

――一九四五年八月五日、午後一二時二〇分頃、新宿発・長野行きの満員電車が、湯の花トンネルの東側入口付近で、三機か二機の米軍戦闘機に空襲された。昭和五六年の市教育委員会の調査で明らかになった死者の数は六〇名以上。日本最大の列車銃撃事件と言われ、毎年八月五日に裏高尾町の《いのはな慰霊碑》で慰霊の集いが催されている。

昔語り ——天狗さらい——

ケーブルテレビ局に勤めている徹さんは、八王子霊園周辺で取材中に知り合った川町《かわまち》の古老から、ちょっと信じがたい話を聞かされた。米寿になろうとする方が子どもの頃というから戦前であろうが、天狗《てんぐ》にさらわれて、小田原まで連れていかれたというのだった。川町は、八王子城山の北の麓だ。その辺りで迷子になり、夕方、泣いていて保護されたところ、神奈川県小田原市にいたことがわかったそうだが……。

八王子市川町から小田原市までの距離は約六〇キロメートル。徒歩なら大人の足でもおよそ一三時間を要する。だが、その子は昼に迷子になり当日の夕方には保護されていた。ならば天狗の仕業に違いない。八王子城山を南へ下って小仏関《ことぼけのせき》を過ぎれば、高尾山だ。

——高尾山には、数々の天狗伝説がある。

天狗は、高尾山薬王院の本尊・飯縄大権現《いづなだいごんげん》の眷属で、さまざまな神通力を持つがゆえに神格化されてきた。高尾山が飯縄信仰のみならず、天狗信仰の霊山でもある由縁だ。

また、古来ここでは修験道《しゅげんどう》が盛んだった。修験＝人智を超越した力。深山幽谷《しんざんゆうこく》に伏して修験を得る者＝山伏。この山伏の姿が、いつしか天狗と混同されるようになったのだ。

だから天狗伝説があるのも道理……なのだが、江戸時代には誰かが行方不明になる原因は、もっぱら天狗とされていたので、実は全国各地に類似の話がある。

天狗にさらわれた後に帰ってくるという定型があり、多くの場合、子どもがさらわれる。

ところが、高尾山には、老人が天狗さらいに遭った、こんな昔話がある。

――江戸の昔、武蔵国の小金井村に信心深い年寄りがいた。あるとき霊験あらたかな高尾山という霊山があることを知り、死ぬまでにどうしても登りたいと思うようになった。

だが、この年寄りは、当時は中風と呼ばれた脳卒中か何かの後遺症で足腰が悪く、八里（約三〇キロメートル）も先の高尾山へ登るのは到底、無理な話なのだった。

そこで彼は、高尾山がある西南西の方角を、朝晩欠かさず拝みはじめた。

それからしばらく経ったある日の明け方。高尾山薬王院の本堂のど真ん中に、突如としてこの年寄りが現れた。

折しも朝のお勤めの最中だったから、居並ぶ僧侶は泡を喰って大騒ぎ。

このとき、大僧正が重々しく「これは天狗さらいである」と宣言した。そこで僧たちは我に返り、年寄りを加わらせて、朝のお勤めを再開した。

読経が終わると、年寄りは薬王院の本堂からパッと姿を消したのだが、次の瞬間には小金井村の我が家へ戻っていて、気づけば中風がすっかり癒えていたとか――。

霊山異聞集（高尾山）

高尾山は、都心から約五〇キロメートル西方に位置する、標高約六〇〇メートルの山だ。古来より信仰を集めてきた霊山であり、風光明媚な行楽地として知られてきた。山中には、飯縄大権現を奉る薬王院こと高尾山薬王院有喜寺《うきじ》がある。初詣《はつもうで》に、厄除《やくよ》けに、八王子っ子であれば一度は参拝した経験があるのではないだろうか。

高尾山薬王院の本尊・飯縄大権現と八王子の関わりも深い。飯縄信仰は、管狐《くだぎつね》の呪法「飯綱法」にまつわる伝説をはらみつつ、戦国時代の武将に愛された。

八王子の歴史を語るには欠かせない八王子城主・北条氏照も、合戦の場から高尾山を拝し、飯縄大権現に武運を祈ったと伝えられている。

動植物の種類の豊かさも高尾山の特色だ。紅葉と杉が織りなす深遠な山容《さんよう》を誇り、人々を惹きつけてやまない。これは、殺生を禁ずる仏教の教えに宗教的に守られてきた上に、戦国時代は後北条氏、江戸時代は徳川幕府に守られ、さらに明治時代は御料林、戦後は国有林として保護された結果によるものだ。

麓まで鉄路が伸びており、ケーブルカー、リフト、管理の良い登山道があるためか、年間の登山者数は日本一。峠の茶屋や麓の土産店、周辺の観光施設も充実している。

このように、古と現代、自然と現代のテクノロジーが混在し、老いも若きも集う、そんな霊山・高尾山には、もちろん人外の存在も引き寄せられてくるに違いないのだ――。

送り天狗

本書に収録した《八王子城奇談》の「氏照と家臣たち」に登場した洋一さんは、かねてから趣味で登山を愉しんでいたが、長年ボーイスカウト団の指導もしてきた。

関東在住のボーイスカウト団員は、たいがい高尾山に登るものだ。彼は府中市出身でカブスカウトの頃から団員だったので、高尾山はこれまでに幾度となく登ってきた。

しかし高尾山で元旦を迎えたことは、二〇一五年のそのときまで一度もなかった。

当時は独身で身軽だったから、大晦日《おおみそか》の夜に思いつくと、手早く標準的な冬登山の装備を整えて家を出発した。そして深夜一一時頃に高尾山の麓に着いたのだが――。

ここへ来て彼は、高尾山薬王院が人気の初詣スポットだということを失念していたことに思い至った。夜遅いというのに、ひどく混雑している。

おまけに遭難防止のためか、初心者向けの一号路だけを残して、登山道が封鎖されていた。

一号路は、洋一さんのような登山上級者にとっては簡単すぎるコースだ。……ある意味、面白くない。しかも周りは人でいっぱいで、夜でもあり、景色も味わえない。

仕方なく、せめてノンストップで山頂まで登って、心地よい疲れを得ようと考えた。

初詣のカップルや家族連れをごぼう抜きにして、坂道をぐんぐん行くうちに、初めは遠かった除夜の鐘が近づいてきた。

高尾山薬王院の境内で、彼は元旦を迎えた。ひときわ荘厳な鐘の音が、夜気を震わせて鳴り響いたと思ったら……止んだ。とうとう一〇八回を数えたようだ。

本堂の前で順番待ちしている大群衆から、拍手と歓声が沸き起こった。

洋一さんは体が冷えないように足踏みしながら行列を観察したが、一分と迷わず、横を素通りして山頂へ向かった。

気分は山登りモード。初詣は地元で済ます。いったんそう決めてしまうと気が楽だった。

まだまだ体力が温存されており、スイスイ登って、あっさり登頂した。

――そうだ、このまま陣場山の方まで行ってみよう。

この山頂から西側の奥高尾方面へ向かい、城山、小仏峠、景信山《かげのぶやま》などを通って陣馬山に至る縦走路は、山登りの定番コースで、何度か歩いたことがある。

陣馬山までは約五時間。良いアイデアだと思った。満月は四日後だが月は充分に明るい。

問題はこのロープだ。山道がロープで封鎖されていたのである。

思い切ってロープを跨ぎ越した。

ところが、一〇〇メートルも歩かないうちに、山道の両側からガサガサと足音のようなものが聞こえてきた。重なり合う足音から推して、小柄な者ばかりが道の左右に二、三〇人ずつ、背後にも何人か歩いているようだった。視線も感じるが見回しても何もいない。

カラス天狗みたいなものの群れに、周囲を取り囲まれているような気がした。

さっき高尾山で散々、天狗像を見たせいで、想像力が豊かになっているのかとも思ったが、だんだんと周りの気配が増してきた。姿が見えないのが不思議なほどだ。

小仏峠を過ぎる頃には、陣馬山まで行く気がしなくなっていた。

やがて道の先に、見覚えのある送電鉄塔が姿を現した。あの辺りで、山へ行く方と高尾駅へ向かう方に道が分かれるのだ。年末年始の終夜運転列車が運行しているはずだ。

――さっさと電車に乗って帰ろう。

そう思った途端、吹き消すように、周りにいた者たちの気配がフッと消えた。

お先にどうぞ

陽雄《はるお》さんは、自然の風景を撮っては写真データをコレクションしていて、いつも、近場で景色の良い場所を動画配信サイトで探していた。

あるとき、陣馬山から高尾山まで歩いた人の投稿動画を見つけて、ひと目で心を奪われた。

彼は秋田県出身で、それまで関東の山々を訪れたことがなかった。

まず、陣馬山から望む富士山の景色に圧倒された。それにまた、途中の景信山は、大ヒットしたマンガに登場した場所だという。そのアニメ版なら彼も観ていた。熱心なファンではなかったが、そこに行ったら話の種ができそうだ。

それにまた、高尾山は、周辺のインフラが充実していて、麓に温浴施設もあるという。

高尾山を終点にコースを組めば、ひと風呂浴びてサッパリしてから帰れるのか……。

ちょうど正月休みに入ったところで、タイミングも良い。

翌日の早朝、大田区の自宅を出発した。午前中のうちに陣馬山を登頂して、正午過ぎから景信山を登りはじめたところ、しばらくして、後ろから歩いてくる足音がした。

彼よりペースが速い。山では、こういうときは道を譲るのがエチケットとされている。

「お先にどうぞ」と言いながら、彼は後ろを振り返った。ところが誰もいない。

白昼の明るい山道があるばかり。

首を捻りながら、尚も歩いた。

高尾山までは順調だった。だが、高尾山は見どころが多すぎた。薬王院の境内を歩きまわり、あちこちの展望台で写真を撮っていたら、計算外に時間を取られた。

日が傾いてきたのを感じて時刻を確かめたところ、午後三時半を過ぎていた。

彼が見た動画では、六号路の稲荷山コースを使って下山していたので、深く考えずにそれに倣った。六号路はゆっくり歩いて片道一〇〇分だと紹介されていた。

日没は五時前だ。しかし、男の足で急いで行けば時間を短縮できるだろうと考えた。

だが、思いのほか道が険しく、間もなく後悔しはじめた。リフトかケーブルカーで下りた方がよかったか……。この時点で高尾山の山頂から一〇〇メートルぐらい歩いていた。

引き返すかどうか迷ったが、結局、そのまま下山を急ぐことにした。

道は狭く、木の根が張りだしていて足場が悪かった。気温も急速に下がってきた。

真冬の黄昏どきに歩くような道ではないと思った。実際、彼以外、誰もいない。

「……キャハハハハ！」

突然、樹々の間を縫って、前方から、幼い子どもの笑い声が聞こえてきた。

薄墨を流したような暗い山道の先を、目を細めて透かし見ると、遠くで大小の人影が動いていた。大人二人と、ごく小さな子ども一人だ。

子どもは、かん高い声を張りあげて大はしゃぎしている。「パパ」「ママ」と何か盛んに両親に話しかけていて、親たちが楽しそうに応える声も次第に耳に届いてきた。

そのうち陽雄さんは、その親子連れの姿がはっきり見える位置まで追いついた。

ありきたりの服装をした三〇代から四〇歳前後と見える男女と、五、六歳の元気そうな男の子だった。子どもはセーターを着て、男女の足もとで落ち着きなく跳ねている。

「お先にどうぞ」と、父親と思われる男が、朗《ほが》らかな声色と態度で、陽雄さんに向かって声を掛けた。

「ありがとうございます」と、なんとも形容しがたい違和感を覚えつつ軽く会釈して、三人の前を通りすぎた。

山道は、いよいよ暗い。足もとがよく見えなくなってきた。気をつけないと転びそうだ。

――懐中電灯を持ってくればよかったな。

さっきの親子は大丈夫だろうかと心配になって、彼らの姿を想い起した。

――あの人たちも懐中電灯を点けていなかった。三人とも、家の近所の商店街へ行くような格好をしていたな。男の子はセーターだけで、上着も着ていなくて。

――やっぱり何か違和感がある。ふつうの人たちなんだがな？　なんだろう？

後ろを振り向いみたが、闇が立ち塞がっているばかりで、もう三人の姿は見えなかった。

前に向き直ると、鮮やかなブルーのランニングスーツを着た青年が、山道を駆けあがってきた。トレイルランニング、略してトレランの練習をしているのだろう。

青年は、アスリートらしい引き締まった体つきで上背がある。大きなストライドで走ってきたので、陽雄さんは道の脇に避けた。

「ありがとうございます！」とトレランの青年は爽やかに挨拶を寄越した。

陽雄さんは再び歩きだしたが、三歩も進まないうちに、後ろの方から、トレランの青年の声が聞こえてきた。

「ありがとうございます！」

——え？

反射的に振り返った。だが、ランニングスーツの後ろ姿が軽快に駆けあがっていくばかりで、青年に道を譲った者の姿はなく、数歩先から暗黒に閉ざされていた。

急いで下山を再開しながら、あらためて、何かがたまらなくおかしいと思った。

道は下り坂になっていた。さらに行くと坂道が幅の広い階段に変わった。

——トレランの人も懐中電灯を持っていなかったな。天狗みたいに軽々と走っていた。

そんなことを考えていると、お稲荷さまの祠を見つけた。稲荷コースの名の由来となった旭稲荷のお社だ。

「無事に帰れますように」

ポケットの小銭を残らず賽銭箱に放り込み、二礼二拍手一礼した。柏手が乾いた良い音を立てて、山に木霊した。

次の瞬間、頭の中の霧が晴れたような心地がして、急に違和感の正体がスッキリと掴めた。

——男女と子どもの三人連れは、みんな手ぶらで登山者にはありえない軽装だった。そもそも冬の日暮れに幼い子どもと山に来ることからして、怪しい。

——トレランの青年もザックを背負っていなかった。それに懐中電灯か何か、なんらかの明かりがなければ、日没後の山道をあんな速さで走れるものか。

——それに、誰に向けて、ありがとうと言ったんだ?

すっかり恐ろしくなって、独りで悲鳴をあげながら、麓まで一気に駆け下りた。


この陽雄さんの体験談を聴いて連想した話が、一つある。

《高尾山とんとんむかし語り部の会》という八王子の市民グループが編纂した昔話集『とんとんむかし』に収録されている「あとつけぼっこ」という、山の妖怪の話だ。

——あとつけぼっこは子どもの妖怪で、夜の峠道を歩く人をヒタヒタとつけてくる。振り向いても誰もいない。ただ足音と気配だけが、どこまでもどこまでも不気味に追いかけてくるから、恐ろしくてたまらなくなってしまうのだ。

あるとき、珍玄《ちんげん》というたいへん賢い小僧さんが、あとつけぼっこを追い払ううまい方法を思いついた。

「お先にどうぞ」

こう言って追い抜かせておいて、あべこべに後ろからつけてやると、あとつけぼっこの方が怯えて逃げていくのだ――。

ね？　似ていませんか？

とはいえ、陽雄さんが遭遇した親子連れからは一家心中を連想させられるし、トレランの青年は天狗か狐狸《こり》の化身のようでもあり、やはり正体はよくわからない。

雨降らしの傘

一丁平《いっちょうだいら》といって、高尾山の山頂から小仏城山に向かうコースの真ん中の辺りに、千本桜で有名な広場がある。

そのとき学《まなぶ》さんも、まさに桜を見物するために、一丁平へ向かっていた。

花の見頃には少し早く、平日の早朝でもあったから、道は空いていた。

道は途中で幅の狭い階段になった。前方に、変なものを発見して学さんは立ち止まった。

木の枝が、ちょうど彼の顔の高さで階段の上に張りだしていて、その二股になった枝先に、開いた透明なビニール傘が引っ掛けてあった。

これは邪魔だ。柄をヒョイと持ち上げて、ビニール傘を枝から外した拍子に、偶然、傘を差す格好になった。

その途端に、なんの前触れもなく、激しい雨が降りはじめた。ちょうど歩き疲れていたこともあって、学さんは、その場で傘を差して雨が降りやむのを待つことにした。

不思議とすぐに雨が上がった。見つけたときと同じように傘を枝に引っ掛けて、一丁平に行き、小一時間、三分咲きの桜を眺めるなどしてのんびりした。

それからまた同じ道を戻ってきたところ、雨が降った痕跡がまったくないことに気がついた。おまけに、階段の上に出っ張っていた木の枝ごと、さっきの傘がなくなっていたので、狐につままれたように感じた。

しかしながら、高尾山ではたまに奇妙な出来事を体験するものなので、さほど怖いとは思わなかったという。

※学さんは拙著『一〇八怪談　飛縁魔』の「霧の中から現れた」にも登場。霧に包まれた高尾山で怪しい存在と擦れ違います。

やさしい声

親の山好き、または海好きは、高い確率で子どもに遺伝する。

宏志《ひろし》さんの父と母は、海より山を好んだ。物心がついた頃から山に連れていかれるうちに、彼自身も山が好きになったので、家族旅行の行き先で採めたことがなかった。

そのときは、町内会で有志を募って高尾山周辺に小旅行するというので、両親と参加した。

当時、宏志さんは小学六年生だった。

みんなで高尾山を六号路の稲荷山コースで登るとき、彼は先頭に立っていた。

体は軽く、幼い頃から鍛えあげられた脚は強靭で、急峻な山道をものともしなかった。

やがて頂上が近いとわかると嬉しくなって駆け出した。すでに町内会の人々は、両親も含めて、遥かに後方に引き離していた。

大人の監視を逃れた自由を満喫しながら、宏志さんは猿のように山道を駆けあがっていたが、木の根につまずいて前のめりに転び、もんどりうって地面に胸を打ちつけた。

肺が破裂したかのような衝撃を感じたかと思うと、世界が暗転した。

呼吸が止まり、頭の芯が真っ赤に灼《や》けそうになる――。

「まだこっちに来ちゃダメよ。大きい声を出してごらん」

と、突然、澄んだ声に優しく促《うなが》された。綺麗な大人の女性を咄嗟に想い浮かべながら、肚《はら》に力を籠めてワーッと大声を出したところ、空気が肺に流れ込んで、呼吸が楽になった。

仰向けになって息を整えながら頭をもたげて、声の主を目で探したが、下の方から青ざめた顔で駆け寄ってきた親たち以外は、誰もいなかったという。

高校生のときも、これと似た体験をした。

秋、山葡萄《やまぶどう》やアケビを探して裏高尾の山を歩きまわっていたところ、蛇滝《じゃたき》の登山口で、「今から登ったら暗くなって下りられなくなるから、行かない方がいいですよ」と、注意されたのだが、声がした方を振り向いても人影がない。

美しい女性の姿がなぜか頭に浮かび、稲荷山コースで転んだときの記憶が蘇った。

素直に従って帰途についたが、あっという間に黄昏が過ぎて辺りが暗くなってしまった。

宏志さんは「山の神さまは女の人だから、あれは神さまの声だと思う」と言う。

踊る白装束の人々

郁馬《いくま》さんは、三八年前に、高尾山の一号路を車で上ったことがある。

彼は当時一八歳だったが、一五の頃から先輩たちの車を転がしていた。

無論のこと良い子ではなかった。運転免許を取得して無免許運転を〝卒業〟し、安く中古車を手に入れてからは、家にいるより愛車の座席にいる時間の方が長くなった。

深夜になっても家に帰らない。そんなときも多かった。

その日は特に何かムカつくことがあり、独りで遅くまで車でうろついていた。

午前二時頃、たまたま近くを通りかかったので、その場の思いつきで高尾山へ向かった。

登攀口《とうはんぐち》らしい急坂があった。きちんと舗装されており、かたわらの案内板などを確かめると、これは一号路といって高尾山の関係者の車両が通行する都道だとわかった。関係者以外の車両は通行禁止である。坂の下に簡易な柵が立ててあった。構うものか、と、郁馬さんは柵をどかして、一号路の坂道を車で上りはじめた。頂上の近くで道幅が狭くなった。これ以上、先には進めない。戻る前に一服するか……と煙草を銜《くわ》えたとき、車の鼻先に白装束《しろしょうぞく》の男が躍り出た。

「ひゅうひゅう！」と、それが叫んだ。すると、見る間に同じ白い衣裳を身に着けた男たちがどこからともなく集まってきて、集団で車を取り囲むと、口々に、

「ひゅうひゅう！　ひゅうひゅう！」と叫びながら、寝っ転がったり飛び起きたり目まぐるしく動いたり、バンザイのままおじきをしながら「ひゅう！」と言ったりしはじめた。

一種の踊りのようではあったが、まったく統制が取れていないので、ある種の非常にモダンな舞踏に似ていた。

「ひゅうひゅう！　ひゅうひゅう！」と、ひとしきり踊り狂ったら、蜘蛛《くも》の子を散らすようにどこかへ逃げていって、全員いなくなった。

昔語り　――小仏峠・水無月の鬼女――

裏高尾町と神奈川県相模原市緑区を結ぶ小仏峠は、小仏城山と景信山の中間に位置し、峠には明治天皇の巡幸記念碑が、また、麓の旧甲州街道には日本遺産の構成文化財《小仏関跡》がある。それら旧跡は、かつて盛んに人々が往来していた名残なのだが――。

この小仏峠、昔は、水無月甲子《みなづききのえね》（陰暦の六月一日）の晩には足を踏み入れてはならないとされていた。

かつてそこで無念の死を遂げた姫君の祟りによって、どんな因縁があるものか、その夜に山越えをしようとする者は、決して無事では済まされないのだという。

この噂はだんだんと広まり、やがて、今の埼玉県行田《ぎょうだ》市辺りにあたる武州忍藩《ぶしゅうおしはん》に住まう、兵部之介《ひょうべのすけ》という男の耳に届いた。

兵部之介は、忍藩では名だたる弓の名人で正義漢。さっそく鬼女退治を決意した。

しかし鬼女は熊や猪と違い、怪しい神通力を操るもの。並の矢では歯が立たぬおそれがある。そこで彼は八王子入りする前に、まずは高幡山明王院金剛寺、つまり高幡不動に立ち寄って、不動明王の霊験あらたかな御不動の神矢《しんや》を授かった。

そして水無月甲子の夜を迎えると、小仏の峠をずんずん登った。

やがて山中に闇が満ち、評判の鬼女が姿を現した。

御不動の矢でこれを射ると見事に命中、鬼女はちりぢりに砕け飛んで消え失せた。

ところが、息つく間もなく、二人目の鬼女が髪を振り乱して彼に襲いかかってきた。

「姉君の仇!」

なんと、鬼女は二人姉妹だったのだ。

だが、御不動の矢はさきほどの一本きりで、姉鬼と共に砕けてしまっている。

絶体絶命の窮地に陥った兵部之介。彼は咄嗟に、いつも使う矢を弓につがえていた。

南無大聖不動明王。弓を引きつつ不動明王に必死で祈り、渾身《こんしん》の力で矢を放つ……と、
これに射貫かれた妹鬼も、姉鬼と同じように粉々になって滅したとのこと。

こうして小仏峠の鬼女たちは討たれたが、小仏山や高尾山の周辺では、鬼女を髣髴とさせる面妖な草の実が今も見られる。

花が萎《しお》れた後に、女の掌ほどもある大きな果実をつけ、これが一年も地面に落ちず、冬も緑のままである。そして明くる年の秋になると、ぱっくりと爆《は》ぜて、鬼女のざんばら髪のような真っ白な毛を飛びださせる。

蘭《らん》の花とは似ても似つかないが、誰とはなしにこれを鬼女蘭と呼ぶようになったそうだ。

陣馬山へ行く途中（陣馬街道）

八王子市内の大学に通っていた良澄《よしずみ》さんは、キャンパスから近い野猿街道沿いのアパートに下宿していた。六月のその夜は、同じ学科の仲間のAさんが部屋に来ていた。

かねてからAさんは、この夏休みには、どこか近場で一緒にキャンプしたがっており、持参した紙の地図を広げて、良澄さんに相談していたのだ。

「車で行くなら、陣馬山がいいんじゃない？」と、地図を見ながら良澄さんは提案した。

「ほら、途中からは陣馬街道を真っ直ぐ行くだけで、道が簡単だよ」

「そうだな。途中で昭和天皇武蔵野陵や、八王子霊園と東京霊苑の間を通って……一時間ちょいってところかな？　今夜は雨も降ってないし、今から下見に行ってみようか？」

もう夜も遅かったが、乗り気になったAさんに押し切られて、良澄さんも下見に付き合うことになった。

キャンプ場まで行くかどうかは状況次第で決めるとして、とりあえず陣馬山に至る和田峠の登山道入り口を目指して、Aさんのジムニーで出発した。

やがて陣馬街道を進み、峠の登山道入り口まであと一息というところまで辿り着いた。

人家の明かりが一つもなく、暗闇が前後左右から道路に滲《にじ》みだしてくるようだった。

良澄さんたちは、風を入れるために窓を開けていた。ここまでの間、夜風は涼しく、快適だったのだが。

「なんだか変に、風が生温かくなってきてないか？」とAさんがつぶやいた。

「うん。気温が上がった？」

「こんな夜中に？　ふつう気温が下がるだろう。気味が悪いなぁ。……あっ！」

「どうした？」と良澄さんは訊ねながら、Aさんの答えを待つまでもなく、それを見つけた。

月明かりに照らされた一本道の両側に、小ぶりな石地蔵が列を成して、それぞれに供えられた無数とも思える色とりどりの風車が、クル、クルクルと妙にゆっくり回っていた。

二人で車から降りて、今来た道を振り返ると、さっきは少しも気づかなかったのに、石地蔵の列は後ろにも果てしなく長く伸びていて、同じように数限りない風車が――。

良澄さんたちは悲鳴をあげ、慌てふためいて車に戻った。

Uターンして引き返したら、そこから一〇メートルも進まないうちに石地蔵と風車が消えて、無事に下宿まで帰ってこられたが、その夏、二人は陣馬山へは行かなかったという。

バンドガール（陵北大橋）

八〇年代終盤から九〇年代前半のバンドブームの頃を憶えている。実感としては八〇年代半ばから始まっていた。胎動期と呼ぶべきだろうか。ニューロティカが八王子で誕生したのが一九八四年。私は一七歳だった。流行に敏感な子たちはみんな何かしら音楽にハマっていた。

八〇年代のその頃、仁彦さんのバンド仲間の多くが八王子に住んでいた。彼自身は二〇歳を過ぎていたが、バンド関係の知り合いには一八、九の子も何人かいた。

八王子在住のバンド同士の繋がりもあって、従来のグループの枠に縛られない付き合いも生まれていた。たとえば心霊スポット巡りをする仲間とか。

——一月二日の夕方五時頃、そんなバンド繋がりの女の子から、突然、電話が掛かってきた。涙声で「テレビのニュースつけて！」と言われて、急いでテレビのニュース番組を見てみたら、死亡事故が報道されていた。谷底に車が転落したという。

現場は八王子市内の峠道で、事故が起きたのは二日の午前三時頃。

車に乗っていた四人全員が音楽関係者で、うち二人は亡くなり、片方が彼の顔見知りの少女で、電話を掛けてきた子がリーダーを務めるバンドの主要メンバーだった。

その後、彼女は他のメンバーと共に警察の事情聴取を受けた。道路にブレーキ痕がなかったことから、警察では集団自殺の線も考えているようだったが「ありえない」とメンバーの子たちは口を揃えた。「午後六時頃まで、全員で集まって遊んでたんだよ？」

「峠からダイブしたのは、その八時間後だよ？　別れたときは元気だったもん！」

陵北大橋《りょうほくおおはし》に行った記念に、使い捨てカメラで写真を撮ったというので、現像に出させた。

写真を撮った子によれば、亡くなった少女が、「陵北大橋は有名な心霊スポットだから」と言って行きたがったので、車で家に送りがてら連れていってあげたのだという。

――やがて紙焼き写真ができてみたら、禍々《まがまが》しい赤い光が、笑顔でVサインしている少女の全身にらせん状に巻きついていたので、怖くなって捨ててしまったとのこと。

それから三ヶ月ほど後に、そのバンドの子たちが新宿のライブハウスで演奏することになり、ライブ当日、リハーサルの準備をしていたところ、メンバーリストを確認していたライブハウスのスタッフが怪訝そうにリーダーに訊ねた。

「これで全員？　機材車のバンで待機している女の子はメンバーじゃないの？」

機材者には誰も残っていなかったので、死んだあの子に違いないということになった。

女の足（道了堂跡）

泰知《やすとも》さんたちバイト仲間四人組は、稲川淳二《いながわじゅんじ》の怪談『八王子の首なし地蔵』に触発されて、道了堂跡を訪ねた。有名な首なし地蔵を見てみたいという、ごく単純な動機であった。

当時は九〇年代で、道了堂跡からすぐ近くの鑓水給水所まで車で乗りつけることができた（現在は給水所の二〇〇メートルほど手前で車道が封鎖されている）。

泰知さんが運転する車に全員乗り込み、午前一時頃に給水所の横に車を停めて、懐中電灯で道を照らしながら道了堂跡へ――。

すぐに、首を挿げ替えた跡がある地蔵を見つけてひとしきり騒ぐと、次は、昔、殺人事件があったというお堂を探した。

間もなくそれも発見した。建物は撤去され、土台だけが保存されている。

「あーっ！　泰知、上！　上！」

仲間の一人が大声を出したので、そいつの方を振り返ったら、眼球がこぼれ落ちそうに目を見開いて、お堂の跡の上あたりを指差しながら見つめている。

そっちを見ると、頭上五〇センチぐらいの空中に、足の裏が二つ、浮かんでいた。色白で、こぢんまりした足の裏だった。右足と左足だ。ちゃんと指も付いている。

「女の足だ！」と、教えてくれたのとは別の仲間が叫んだ。

たしかに女の足のように思われたが、そういう問題ではない。

泰知さんは絶叫を放つと逃げだした。他の三人もついてきた。

みんな必死に駆けていた。

ところが、足が宙を蹴って彼らを追い抜いていった。

白い足首から下だけが、文字通り宙を飛ぶように駆けて、群青の夜空に走り去った。

その後、泰知さんたちは気を取り直して駐車していた車に戻った。

「泰知の車が白くなくてよかった。道了堂跡は、白い車はヤバいらしいよ」

「ああ、聞いたことがある。帰り道でジコるんだろ？　白じゃないけど気をつけるよ」

速度を抑えて慎重に運転しはじめたところ、助手席の奴が話しかけてきた。

「あの足首、女の幽霊だったよね」

最後の「ね」と同時にハンドルを取られて路肩に乗りあげ、エンストした。

御陵の東 ——少女語り——

美容師の辰子《たつこ》さんと、昨年の秋頃から連絡を取り合うようになった。彼女が、書店で拙著を見つけてくれたことがきっかけである。

彼女と最後に会ったのは、私が二〇歳の頃だから、三四年も前になってしまう。

辰子さんに初めて髪を弄《いじ》ってもらったとき、私は一二歳ぐらいだった。最初は、うちの母が彼女の美容院を見つけたのだ。「八王子駅の南口の方に、とってもお洒落《しゃれ》な美容院ができていたわよ」と言って私と妹を連れていった——あの頃の辰子さんは、私にとっては、うんと年上のおねえさんに思えたものだ。その刷り込みがあったせいか、ずっと年上だと思い込んでいたが、昨年、再会してみたら、実際には一〇歳も違わなかったので驚いた。

再会から一週間して、辰子さんから長いお便りが届いた。

そこに綴られた不可思議なエピソードの数々に私は驚き、後日インタビューもさせてもらった。ご本人の許可が得られたので、ここに、彼女が私に語った話を文章で再現する。

幽霊が現れた話

二〇年以上前に八王子から離れてしまいましたが、うちは《八王子八十八景》に選ばれた御陵《ごりょう》こと多摩御陵……昭和天皇陵ができてから名前が変わって《武蔵陵墓地》になった皇室墓地の麓にありました。あの辺は、大雑把《おおざっぱ》に言って、御陵の丘より西は山がち、東は家がちになります。

御陵の東、やや南寄りの住宅地に建っている木造の二階建てが、私の家でした。

そのうちで、一五歳ぐらいのとき、幽霊らしきものを初めて見ました

宵の口の夕食どきで、二階の自室にいると、階段の下から母に「ご飯だよ」と大きな声で呼ばれ、「はーい」と返事をして部屋を出て階段を下りかけたとき、ふと、踊り場の窓に何かの気配を感じました。

それで、その窓を見ると、苦しそうな男の人の顔が浮かびあがってくるところでした。頭蓋骨に皮を貼りつけたみたいに痩《や》せさらばえて、眉間に深い皺《しわ》を刻み、苦悶の表情です。お面のようで、立体的でした。ただ全体に半透明で、白っぽいのです。

そりゃあ怖くなって、すぐに階段を駆け下りて、急いで両親に顔のことを告げました。でも全然取り合ってもらえなくて。たぶん寝ぼけたと思われたんでしょう。

夕食が済んで、自分の部屋に戻ってから、あの顔について、あらためて考えました。なんか見覚えがあるような気がしたんですよ。昔の友だちのお父さんに似ていました。

その五、六年に胃癌で亡くなった人です。痩せていたけれど面影があるよなぁ、と、生前に会ったときのことを思い返していたら、男の人の声が頭の中に直接、語りかけてきました。

「娘と仲良くしてくれてありがとう。これからもよろしく」

びっくりしましたが、怖いというより、切なくなってしまいました。

その友だちの家では、お父さんが倒れてから、お母さんが外でフルタイムで働いていて、放課後、遊びにいくと「ちょっと待ってて」と友だちが言って、皿洗いや掃除や何かをしていました。まだ九歳ぐらいだったのに、お母さんに代わって家事をしていたんですね。

部屋の奥に立派な仏壇があったことも思い出しました——今はあそこに、あの子のお父さんが入っているんだよなぁって。

ただ、お父さんが亡くなってしばらく経つと、その友たちは他所に引っ越してしまい、それからは年賀状のやりとりしかしなくなっていたのです。

だから「よろしく」と言われてもね……。

亡くなった人は、命が尽きた時点で時間が止まってしまうものなのかもしれません。

祖父の気持ち

母から聞いた、第二次大戦中の話です。

その頃、中央線の上り列車が、大月駅から新宿駅まで、途中駅で一度も止まらずに走ることがあったようなんです。山梨の方で入隊する兵隊さんたちを集めて、兵隊さんだけで満員電車にして東京に運んでいたそうで……。

この電車が、西八王子駅や高尾駅の辺りを凄いスピードで走り抜けていくので、この辺りの人たちはみんな「暴走列車」と呼んで、恐れていたんですって。

ある日、母方の祖父が、その暴走列車に轢かれて亡くなってしまいました。

そのとき祖父は、近所の顔見知りの農家を自転車で訪ねていくところでした。自転車を押して踏切を渡ろうとしていて、速度を緩めずに走ってきた電車に……ということです。

祖父の自転車の前カゴは物でいっぱいで、背中にも大きな荷物を背負っていたそうです。咄嗟に自転車と荷物を捨てて逃げられたら……。でも、それは家族の貴重な財産でした。

そのとき祖父は、件の農家の人と、物々交換の約束をしていたそうで、価値がありそうな物を家じゅうから掻き集めて持っていくところだったのです。

農家の方でもお米を用意して祖父を待っていたのですが、祖父が踏切で轢かれて死んだとわかると、彼と交わした物々交換の約束を忘れてしまったようでした。

祖父の葬式から一週間後、急にその人が米をどっさり届けにきたので、祖母が感激して御礼を言ったら、「約束をおざなりにして申し訳なかった」と逆に謝られたんですって。

「さっき、お宅のご主人が自転車でうちに来られて、私のことをじっと見つめた。ご遺族の皆さんをお待たせしてすみませんでした。お詫びとして、このお米は差し上げます」

そのお米のお蔭で、母は飢えずに済んだそうです。

テレパシーくん

私が在校していた七〇年代の前半の横山中学校はマンモス校で、一学年一〇クラス以上あって、教室が足りず、プレハブの仮校舎を校庭に三棟も建てる始末でした。

同じ学年でも、人数が多すぎて、顔を憶えきれなかったものです。

私の母は元国体の選手で、私も運動神経は良い方でした。小学校ではバレーボール部に入っていましたが、中学では別のスポーツをやりたくて、入学するとすぐ、バスケットボール部の見学に行きました。

そうそう、そのときすでに必修クラブは陸上部と決めていました。選択クラブを何にするか、迷っていたんです。

部活動の時間になって、バスケ部が練習をしている体育館に行き、隅っこで、持ってきていた陸上部用に買ったランニングシューズの紐を結んでいたら、ふと視線を感じました。

顔を上げてそちらを振り向くと、ちょっとカッコいい男子がバスケットボールを持って、私のことを見つめていました。目が合ったらニヤッとして、トントントーンと鮮やかにシュートを決め、それから再び私に視線を向けたのですが——。

〈明日は、バッシュか、学校の体育館履きで来てね〉

と、頭の中に直接、話しかけてくるではありませんか。

「えっ」と思わず声が出ちゃいました。そうしたら、さらに彼は〈明日は〇時〇分に体育館に来るんだよ〉と時刻まで指定して私に念を押すんですよ——テレパシーで。

テレパシーなんてものが本当に存在するとは、それまで夢にも思っていませんでしたが、どんなものかは知っていました。

翌日の放課後、言われたとおりに体育館へ行くと、昨日のテレパシーくんしかいません。なんだか気まずくてモジモジしていたら、また頭の中に声が流れ込んできました。

〈今日はバスケ部が体育館を使う日。バレー部と交代で体育館を使うことになっていて、今日はバスケの日なんだよ。あと三〇分したら始まる。……これがドリブル〉

彼はドリブルをして見せながら、テレパシーで説明しはじめました。

〈こうやって移動する。こんなふうにドリブルしないで走るとアウト〉

ひとしきり実技を披露してくれてから、彼は動作を止めて、私を見ました。

〈ともかくね、練習キツいから覚悟して。それと、僕は秋になったら退部するんだ〉

なぜ退部するのだろうと疑問に思ったけれど、そのときの彼の表情がとても寂しそうだったので、訊きそびれてしまいました。

そのうち、バスケ部の部員の人たちが集まってきて、私は入れ替わるように体育館の外に出ました。すると、そのとき校門の方へ歩きながらおしゃべりしている女子の会話が耳に飛び込んできました。

「うちの学校でカッコいい男子といえば、二年のコウちゃんと親友の○○くんだよね」

「いつもあの二人は一緒にいる。親友同士。どっちも女子に大人気！」

「コウちゃんの方が人気あると思う。だって勉強もスポーツもできて、話も面白いし」

――このとき、なぜか私は「コウちゃん」が今まで体育館でバスケを教えてくれたテレパシーくんだと直感しました。

コウちゃんが、どうして私にだけテレパシーで話しかけてきたのかは、わかりませんが。

思い当たるのは、私は生まれたとき未熟児で、おまけに病院のミスで出産直後に頭から床に落とされて死にかけたこと。脳が内出血を起こし、もしも助かっても重い後遺症が残るだろうとお医者さんに言われていたそうなのですが、奇跡的に快復しました。

その影響という証拠はないんですけど、私には一歳になる前からの記憶が鮮明に残っていたり、知っている人が写っている写真を見ると、その人から聞いた話を一言一句残らず、聞いた当時の声色や顔つきまで、いっぺんに脳味噌の中で再生されたりするので……。

新生児のときの頭の怪我がもとで脳の働きが少し人と違っていて、それがテレパスのコウちゃんにはわかったのかもしれません。

さて、しばらくすると私は、女子に人気の男子二人組を八王子のレコード店でときどき見かけるようになりました。音楽の趣味が、私と似ていたのでしょう。

従兄《いとこ》が八王子駅前の大きなレコード店に勤めていたので、私は小学生のときからレコード店によく足を運んでいました。初めて自分のレコードを手に入れたのも、そのお店で。

そのときは、本当はT・レックスかビートルズのレコードが欲しかったけど、お小遣いが足りなかったから、フランシス・レイ・オーケストラの映画音楽のアルバムを買いました。

コウちゃんたちと従兄のレコード店で初めて遭遇したときは、お小遣いをもらったばかりで、まずは長崎屋に行ってソフトクリームを食べて……それからレコード店に行ったら、噂の二人組が目に入りました。

あちらの方でも私に気がついたようすでした。離れた場所からそれとなく観察していると、コウちゃんは私と音楽の趣味が一緒で、UKロックやグラムロックのアルバム売り場を熱心に見ています。○○くんは背が高くて、それこそ海外のロックミュージシャンみたいにクールな外見の少年でしたが、そのうち文具売り場の方へ行ってしまいました。

すると一人になったコウちゃんが私の方を見て、ビートルズのレコードを二枚、持ち上げて、〈どっちが好き？〉と、またテレパシーを送ってきたではありませんか。

私もテレパシーが送れるかどうか試してみました。頭の中でコウちゃんに答えたんです。〈レット・イット・ビーは良いけど、持っているの。次にどれを買うかは考え中だよ〉

コウちゃんの顔がパッと明るくなりました。通じたようです。

ビートルズのセカンドアルバム――あの四人の顔を陰影がはっきりした白黒写真で表現したジャケットの――を持ち上げて〈この中では誰が好き？　僕はジョン・レノン！〉って。

〈私はジョージ・ハリソン〉

〈そっか。あっちの彼と僕だと、どっちがいい？〉

〈顔立ちはコウちゃんの方が綺麗だけれど、○○先輩かなぁ〉

――今思えばひどいですよね。でも、正直な気持ちでした。コウちゃんの方が佇まいが上品で顔もハンサムでしたが、○○先輩は見た目がロックスターのようでしたから。

月日は過ぎて、秋が深まる二学期の中頃のことです。

そのときはもう授業は終わっていて、掃除の時間でした。みんなが鉄筋校舎と呼んでいた、うちの中学でいちばん大きな校舎の方から悲鳴や怒鳴り声が聞こえてきたかと思うと、「転落事故！」と誰かが叫びました。次いで「コウちゃんが三階から落ちた！」って。

鉄筋校舎の方へ走っていくと、続々と集まる野次馬の人垣越しに、昇降口の前に横たわるコウちゃんが見えました。出血はしておらず、眠っているかのようです。

現場を目撃していた生徒が、何人かいました。

「コウちゃんたちのクラスの男子が何人かで、モップを持ってふざけてたんだ。コウちゃんが窓の下の張り出したところに出たときに、窓の中からモップで突っついて脅かした奴がいて、コウちゃんは隣の窓の方に逃げようとしたんだけど、足を踏み外して……」

「窓から落ちる途中で、昇降口の庇に頭の横をぶつけたみたい」

コウちゃんは地面に叩きつけられたきり、最初のうちはピクリとも動きませんでしたが、少しすると、一回だけ、寝返りを打つような動作をして、完全に仰向けになりました。

一〇分ぐらいして先生がやってきて「さっさと帰りなさい」と怒った顔で私たちに言いました。みんなが教室へ鞄を取りに戻る中、私も戻ろうとしたところ、コウちゃんの声が頭に流れ込んできました。

〈人工呼吸だ！〉

〈えっ？　救急車が来たの？　救急隊員に言ってるの？〉

〈違う。おまえに命令している。僕の手を取って、マウス・トゥ・マウスで人工呼吸しろ〉

〈えーっ？　誰かに見られたら恥ずかしいし、やり方も知らないし、できない〉

〈……じゃあいいよ。手を取るだけでも〉

私は、コウちゃんのそばに引き返して、早く救急車が来ますようにと願いました。

先生もどこかに行ってしまって、彼は独りで地面に横たわったまま、放っておかれていました。たぶん三階の窓の下の出っ張りから落ちた、つまり助かりそうな高さから転落したことで軽く見られたのでしょう。血も出ておらず、一見、無傷でしたしね。

後で知ったのですが、このとき、モップでコウちゃんを図らずも突き落としてしまった生徒や、一緒にふざけていた他の男子たちが、職員室に呼ばれてお説教されていたそうです。

〈誰もコウちゃんを見ていてあげないなんて。先生たち、戻ってこないかなぁ〉

〈…………〉

コウちゃんのテレパシーが急に弱くなったのを感じました。そのとき、西の方から黒っぽいモヤモヤした煙のようなものが飛んできて、コウちゃんの体を包みました。

あの黒いものが彼を連れていくのだとピンときましたが不思議と怖くはなくて、私がコウちゃんを看取ったということだ、それが事実なんだ……と理解しました。

そこで、私も家路に就くことにしました。救急車が来たのはその直後。私と入れ違いです。

コウちゃんのお母さんも駆けつけて、救急車に乗り込みました。

翌日の朝会で、コウちゃんの訃報が全校生徒に知らされました。

朝会後、校舎に戻ろうとしていると、こんな会話が耳に飛び込んできました。

「コウちゃんのお姉さんも、一三歳のときに西八（西八王子）のマンションから転落死したんだよね」

「昨日はコウちゃんの誕生日だったって知ってた？　一一月二七日」

「誕生日が命日になっちゃったね」


それから何十年も経った後に、占いの先生にこの話をしたら、先生はコウちゃんにお姉さんがいたことを言い当てて、亡くなったお姉さんに私は似ていたのだ、と教えてくれました。

「だから、辰子さんのことが最初から気になっていたんです。中二の男の子でしょう？　女の子とチュウもしていないのに僕の人生は終わるのかと残念がっていたようです」

——もしかすると、私はコウちゃんの初恋だったのかもしれません。

私には、彼が自分の死期を悟っていたような気がします。

たぶん、初めて会った頃に「秋になったら退部する」と言って寂し気な表情を見せたのは、その年の秋に自分の天命が尽きてしまうのを知っていたから。

彼は、早逝《そうせい》する代わりにテレパシーを授かっていたのではないでしょうか。

生霊来店（本町）

私が高校生の頃まで、八王子市役所は本町《ほんちょう》にあった。今はそこに八王子市芸術文化会館《いちょうホール》があり、周辺の町並みも当時とは少し異なる。

なんとなくスッキリと片付いた印象になった代わりに、個人商店が減ったように思う。

学さんが贔屓にしていた本町の唐揚げ専門店も、二年ほど前に閉店してしまった。

還暦に手が届くかどうかといった年頃のママさんが一人でやっている店で、安くてボリュームがあり、味も良かったから残念だと彼は言う。

五人掛けのカウンター席しかない、本当に小さな店で、昼間は弁当も売っていた。

ママさんは宮城県出身で、子どもの時分から苦労してきた人のようだった。

幼くして亡くなった妹が見守ってくれているから、なんとかなってきたのだと話していたことがあった。ママさんは、気を許した相手には隠しごとをしなかった。

下手をすると世間に誤解されそうな、こんなことも学さんに打ち明けていた。

――夫に借金を背負わされ、女手一つで子どもを育ててきた。

――江戸川区に住んでいたが、母親を八王子市内の老人施設に入れたので越してきた。

——私には霊感がある。

あるとき、ママさんと話しながら唐揚げとビールで一杯やっていると、出入り口の方から視線を感じた。振り返っても、客が来たようすはない。ドアも閉まっていた。

「見えるの？」と彼にママさんが訊ねた。

「見えはしなかったけど、はっきり気配がした」

「あれは隣の家のご主人。ときどき生き霊になって、私の店を覗きに来るんだよ」

この程度なら気のせいで済ませられそうな話だ。

だが、姿や声を伴った上に、学さん以外にも目撃者がいる場合もあったというのだ。

その夜は満席で、学さんを含む五名の常連客とママさんは和やかに談笑していた。

そこへ、突如、見知らぬおばさんが凄い剣幕で怒鳴り込んできた。

「こんな値段でやってるのかぁ！」

学さんと他の客にも、おばさんが見えていた。五〇年輩のふつうの中年女性だ。

怒鳴るや否や、忽然《こつぜん》と消えたので大騒ぎになった。このとき、ママさんにだけは彼女の額に、近所の飲食店の名前が記されているのが見てとれたという。

後日、彼が偶然、件の店の前を通りかかったら、消えたおばさんとそっくりな女性が水を撒いていた。その店も、今はない。

さげ坂の家

八王子城跡から北北東に五・五キロ先に《さげ坂》と呼ばれる場所がある。西寺方町《にしてらかたまち》と川口町を結ぶ長い坂道で、道の両側に草木が生い繁り、ひと昔前、未舗装だった頃は、地元の人々ですら滅多に通らなかった。

土地の人たちがさげ坂を避けた理由は、八王子城が落城したとき、豊臣方の武士たちが北条方の首級《しゅきゅう》を提げてここを歩いたと伝えられていることに起因したという。

生首を「さげ」て歩いたから、さげ坂なのだ。

八王子城の合戦にまつわる伝説には陰惨な逸話が数々あるが、これもその一つだろう。他にも、調略《ちょうりゃく》されて敵軍を八王子城に案内し、豊臣勢の侵攻を助けた北条家家臣で普請《ふしん》奉行の平井無辺《むへん》の話とか……。裏切り者の平井無辺は、八王子城の落人たちによって、牛裂きの刑に処せられた。手足を牛に結びつけて四方に曳かせ、八つ裂きにされたのである。

さげ坂を歩いてみた。長い一本道で、幽霊以前に熊や猪に遭遇しそうな気がした。

さげ坂の八王子城跡方面の出口付近に、寶生寺《ほうしょうじ》という真言宗智山派の寺院がある。

八王子城合戦の折、寶生寺の頼紹僧正は、西蓮寺の祐覚上人と共に、今の八王子神社である八王子権現堂で怨敵退散戦勝祈願を行った。本丸が敵軍に落とされたことを悟ると、彼らは自ら護摩壇の炎に身を投じて殉死したという。

さて、そんなさげ坂から南西に一〇キロ近く離れた辺りに、地元で「旧地区」と呼ばれるエリアがある。万町《よろずちょう》から子安町《こやすまち》にまたがる、八王子空襲の被害を受けなかった界隈だ。空襲で焼かれなかったため、先祖代々の土地を受け継いでいる旧家が多い。元は農家で、畑や田んぼを近隣の町の方に持っていた家もある。

現在四八歳の厚志《あつし》さんは旧地区生まれ。母方の一族は、二つ隣町の北野に農耕地を持っている他、市内数ヶ所に土地を持っていて、親戚同士の結束が固かった。

対照的に、父は北海道から集団就職で上京した四人きょうだいの長男だった。

しかし父も、母と結婚してから弟や妹を八王子に住まわせたので、両親の親族がみんな近所に集まって暮らす結果となった。

偶然、母も父と同じく四人きょうだいの長子で、三人の弟のうち、長男が本家を継ぎ、次男は旧地区に家を建てた。

母のいちばん下の弟が、さげ坂のそばに住むようになったのは、八〇年代後半の頃だった。

——厚志さんにとっては母方の叔父なので、以降は彼を「叔父さん」と書こうと思う。

母方の家族は、末っ子の叔父さんをとても可愛がっていた。叔父さんが生まれたときには上の三人は思春期を迎えていたせいで、彼はきょうだい喧嘩も経験しなかった。

その叔父さんが、さげ坂のそばに実家がある人と結婚する運びになったとき、厚志さんは小学校高学年だった。

ある日、本家に遊びに行くと、ちょうど叔父さんが祖父母と新居の相談をしていた。居間に集まり、結婚後どこに住むかで揉めているようだ。

大人たちの邪魔になってはいけないが、会話の行方が気になった。

厚志さんにとっての叔父さんは、兄代わりの存在だったのだ。本家と厚志さんの家とは隣同士のようなもので、ほぼ毎日顔を合わせてきたし、歳も一二、三しか違わない。

廊下で聞き耳を立てていると、祖父が「月極駐車場を潰して家を建ててやるから、住むといい」と提案した。そこは「近頃は土地の値段がどんどん上がる」と言って、畑をやめても祖父が手放さずにいた土地だった。陽当たりの良い、駅近の場所だ。

「お金のことなら心配ないよ」と祖母が言った。「なんでも、頼りにしていいのよ?」

会話に参加していた長男夫婦も、月極駐車場の土地を叔父さんに勧めた。

「赤ちゃんが生まれたら手伝いに行くよ。うちの子たちも遊び相手になるだろうし……」

ところが叔父さんは「いや、もう決めたんだ」と言った。

「あっちの家の近所に中古の出物を見つけた。土地付きの一戸建てだ。先方のご両親に保証人になってもらって、手付を払ってしまった」

祖父母と長兄夫婦が息を呑んだ気配が伝わってきた。いっぺん深呼吸したような間をおいて、長兄が言った。

「おまえ、それはないよ……。父さんに、なんの相談もせずに……」

「それは悪かったけど、唾をつけておかないと、すぐ売れそうだったんだ。良い家だよ」

「そういう問題じゃない。うちに内緒で事を進めるのが、おかしいと言っているんだ」

「そうだ」と祖父が言った。かなり頭にきたようで、声が怒気をはらんでいる。

「近所ということは、そこもさげ坂の家だろう！　絶対に許さないぞ！」

祖母が「お父さん、そんな迷信、今の人たちは知りませんよ」と祖父をとりなそうとした。

事実、厚志さんも、そのときはまだ、さげ坂を知らなかった。

また、後日、祖父に訊いて、さげ坂のいわれを教えてもらっても、祖父は迷信に囚われているとしか思えなかった。他の親戚も彼と同意見で、ただし長兄が言ったように、家族に黙って勝手に家を買ったことには、みんな腹を立てていた。

時代はバブル崩壊前夜であった。当時は、企業のサラリーマンで、親が持ち家に住んでいれば、二〇代前半の若者にも銀行がローンを勧めてきたものだ。

「お父さんの偏見と差別はとんでもないと思うけど、あちらの家族も変なのよ」と厚志さんの母は首を傾げていた。

「叔父さんは就職したばかりで、銀行に預けている貯金もお父さんから受けた生前贈与のお金がほとんどなのに、実家に内緒で土地を買わせるなんて、おかしいでしょう?」

しかし、親戚一同の反対を押し切って、叔父さんはさげ坂の近くに引っ越してしまった。祖父は叔父さんと口をきかなくなるほど激怒しており、結婚後は、他の親戚も叔父さんと距離を置くようになった。

だが、厚志さんだけは叔父さんを慕いつづけた。叔父さんの方でも厚志さんを歓迎してくれたから、最初の数年は、さげ坂の近くの家にもときどき遊びに行った。

ただ、彼も、叔父さんの妻と義両親については、良い印象を持たなかった。

三人とも、何かというとまばたきを止めて相手の顔をじっと見る癖があった。

無表情のまま、目だけを円く見開いて凝視するので、蛇を連想して、なんとなく怖かった。

しかも義両親は、厚志さんが来ることを良く思っていないようで、叔父の家でばったり遭遇しても、ほとんど話しかけてこなかった。妻の方は、ふつうに接してくれたが、いつまでもよそよそしく、打ち解けなかった。

やがて叔父さんに娘が二人生まれた。三つ違いの姉妹は愛くるしく、少しも蛇のようではなかったけれど、その頃には、厚志さんは受験勉強で忙しくなり、叔父さんの家から足が遠のいた。

あるとき、親戚で集まった折に、自分より年下の他のいとこたちが、叔父さんの家について「あそこは怖いから行きたくない」と話しているのを耳にしたとき、あちらの家族の蛇に似た目つきを想い起して、とても残念に感じた。

叔父さんが別の人と結婚していたら、僕らと一緒にここにいたはずだ、と思ったのだ。

やがて厚志さんは社会人になった。専門学校で幾つかの資格を取得して、八王子市内で就職して働きだした。

そんなとき、叔父さんが離婚したと聞いた。

結婚から一二年経っていた。娘たちは小中学生だ。

「叔母さんが浮気していたんですって。子どもを置いて、出奔してしまったそうだよ」

母は叔父さんに同情しつつ、「気が知れない」と言っていた。

「離婚したんだから、三人でこっちに戻ってくればいいじゃない？　でも、子どもたちがおじいちゃん、おばあちゃんに懐いているから引っ越したくないんだって。叔父さんてば、あんなふうに勝手に出ていった女の親に、何を義理立てしているのかしら？」

この時期、叔父さんは不運つづきだった。妻の不倫と離婚の次に、職場で事故が起きて、両脚に大怪我をしてしまったのだ。

後遺症が長引いて、会社を辞めて無職になった。叔父さんは懸命にリハビリに努めていたが、結局、障碍《しょうがい》が残った。杖が手放せず、将来は車椅子になることが予想された。

旧地区の親戚たちは、再び熱心に、叔父さんを呼び戻そうとしはじめた。

「こっちに住めば、きょうだいで助け合えるじゃないか?」

しかし叔父さんは、さげ坂のそばの家にこだわった。

「僕が買った、僕の家だ」と彼は言うのだった。

「手放せとは言わない。人に貸したらいい。悪いことは言わないから、引っ越しておいで」

「……住んでみると、良いところなんだよぉ」

何を言っても無駄だった。叔父さんは酒に酔ったかのように間延びした声で、「本当に、いいところでさぁ」と繰り返して、遠い目をしてうっとりした。

その表情や態度から、何かふつうではないものを厚志さんは感じた。

——もしかすると叔父さんの元妻の両親は危険なカルト宗教の信者で、叔父さんは洗脳されているのではないだろうか?

彼は、二年ぐらい前の地下鉄サリン事件や、学生の時分にワイドショー番組で盛んに取り上げていたマインドコントロールされた芸能人を思い浮かべていた。

――もしも、あっちの親がカルト宗教の信者だったら、叔父さんを脱会させなくては！

そう決意して、単身、叔父さんの元妻の実家に乗り込もうとしたのだが、さげ坂の近くのバス停で降りた途端、急に激しい頭痛に襲われて、一歩も前へ進めなくなってしまった。

頭が痛くなったことなど滅多になかったから、妖しいことに思われた。

――まさか、さげ坂の呪いじゃないだろうな……。


それから間もなく、叔父さんが、厚志さんと従弟のAさんに草むしりのアルバイトを持ち掛けた。一万円ずつ払うというし、叔父さんは脚が悪くて気の毒だ。Aさんと一緒に快諾して、次の日曜日に叔父さんの家に行った。

五月の下旬だった。朝七時に訪ねていくと、叔父さんの家は、繁茂した雑草や蔦《つた》に埋もれそうになっていた。

「出前のチラシを置いておくから、昼飯は出前を取るといい。トイレや手洗い、浴室、タオル類は好きに使っていいよ。救急箱を出しておいたけど、怪我には気をつけて」

娘たちは元妻の実家に預かってもらっているとのことだった。草刈り鎌など道具の置き場所を教えると、叔父さんは病院に行くと言ってタクシーを呼んで出掛けていった。

草ぼうぼうの庭でせっせと作業に励んだ。草の丈を適度に短くしてから引っこ抜く作戦で、庭の反対側にAさんと別れて鎌を振るっていたところ、しばらくして、Aさんが急に立ちあがった。

「なんだろう？　二階で何かカラカラいってない？」

耳を澄ますと、たしかに叔父さんの家の二階の方から不思議な音がしていた。

セルロイドやプラスチック製の風車が回転するような、少し空疎な感じのする音だ。

二階の角部屋のカーテンが、二〇センチほど開いていた。

「あのカーテン、さっきは閉まってたと思うんだけど」とAさんが怖いことを言った。

そこで二人でその部屋を見に行くことにした。家の中に入ると、カラカラいう音がますます明瞭に聞こえるようになった。階段を上りはじめるに従い、音が近づく。

厚志さんはドアノブに手を掛けて、「開けるよ？」とAさんの方を振り向いた。

ドアを開けた途端、Aさんが「ひゃっ」と小さな悲鳴をあげた。

その部屋には、何も無かった。家具が一つも置かれていない。窓辺にカーテンが下がっているだけで、絨毯すら敷かれていなかった。

エアコンすら取り外されている――それなのに冷蔵庫の中のように冷え切っていた。

「……とっとと作業を終わらせて、早く帰ろう」

「うん。この家、なんだか怖いよ」

正午まで黙々と働き、昼には叔父さんに教えられたとおりに出前を取った。

一階でAさんとテーブルに向かい合って食べていると、どこからともなく、女の子の笑い声が聞こえてきた。

「うふふ……うふふふふ……」

六歳ぐらいの少女が、明らかに家の中で笑っていると思われた。


草むしりのときに起きた怪しい出来事はそれだけだった。

それから四、五ヶ月経って、再び叔父さんから呼ばれた。事務用のパソコンソフトの使い方を教えてほしいというのだった。

そこで訪ねていってみると、また娘たちは妻の実家に預けたという。だが、今度は叔父さんが家にいてくれるので、心強い……と思ったのだが。

「今、隣の部屋で歩く音がしませんでしたか?」

二人でパソコンに向かっていたところ、奇妙な音が聞こえてきたのだった。ここは叔父さんの書斎で、隣は、五月に来たときがらんどうだったあの部屋だ。

何か、足音のようだ。と思ったら、誰かが階段をギシッとギシッと上りはじめた。

「厚志くんは、お酒はいける口かい？」

「えっ？」

階段の方から聞こえてくる音に気を取られていたので面食らってしまった。

——叔父さんは、この家が少し変だってことに気がついているんだ。

しかし触れてほしくないのだろう。だから話題を変えたのだ。

「……ええ。飲めますよ。かなり強い方だ思います」

「じゃあ、早く終わらせて、一階で飲もう」

断る口実に困った。その日はたまたま、車を車検に出していて、バスで来たのだ。

結局、叔父さんと出前を取って、缶ビールで乾杯し、その後、二人で日本酒をひと瓶空けてしまった。

結局、叔父さんの家に最寄りのバス停で、最終バスを待つはめになった。

最寄りとはいえ一キロあまり離れている。そこは陵北大橋という橋のたもとに近く、道路の両側が畑で人家が遠く、昼間は別になんとも思わなかったが、夜になってみたらひどく寂しい場所だった。

時刻は夜一〇時ちょうど。旧地区の辺りと違って、人も車も滅多に通らない。

ふと、橋のたもとの十字路を横切ろうとする、小さな人影に気づいた。

七、八歳ぐらいの背格好だが、異様ななりをしている。
夜目にも汚らしい、もつれあった髪の毛が腰まである。手足も泥だらけだ。ゴム草履《ぞうり》、赤いタンクトップ、紫の短パンという服装で、首から下げたおもちゃの太鼓を叩いている。

カンカン・カン・カンカンカン・カカカカッ……。

街灯に明るく照らされた辻を、太鼓を叩きながら通りすぎた。

ネグレクトという言葉が頭に浮かび、ハッとして駆け寄ったところ、辻の向こうで子どもの姿が忽然と消えた。

ただ、子どもが最後に立っていた辺りに、女の子が使うような、明るい黄色のヘアゴムがぽつんと一つ落ちていた。

そこへ、最終バスが来た。

慌ててバス停へ駆け戻り、バスに乗り込んで前の方の座席に腰掛けた。

乗ったとき、他には乗客が一人もいないと思ったのだが、バスが走りはじめると同時に、後ろの方からお経が聞こえてきた。バスの車内に響き渡る、渋い美声だ。

驚いて振り返ると、紫や金襴《きんらん》の袈裟《けさ》を纏《まと》った僧侶が最後部の座席に座っていた。

途中で人が乗ってきた途端、お経が聞こえてこなくなった。

「あのお坊さんも実在の人だったような気がしません」と厚志さんは言っていた。

あたらしい家

一九六四年に八王子市に合併された旧由木村は、水が豊かな土地だった。大栗川《おおくりがわ》が村域を東西に横切りながら複数の支流に枝分かれして、村をくまなく潤《うるお》していた。

主な水源は鑓水の湧水であり、四季を通じて水量が豊富で、水害もまた多かった。

――そこは旧由木村地区の中でも、やや特別な土地だった。七〇年あまり前に、大栗川の氾濫《はんらん》によって地上の物が押し流され、ほぼ更地になったことがあったというのだ。

インタビュイーの特定を避けるために詳細を伏せるが、数年前、その辺りに新築の家が三軒建った。

多摩モノレールや京王線などの駅が近くて、通勤や通学に便利な場所だ。

周囲は文教地区で治安が良い。ふだんの買い物には困らないが、風紀が悪くなりそうな夜の街からは離れていて、公園や緑地帯が多い地域だ。

――このたび話をお聴きした早恵《さえ》さんは、家庭のある四〇代の女性である。

その当時、彼女の夫は四〇代後半、子どもは上から順に、一五歳の長男、一三歳の次男、一一歳の長女の三人。また、夫はある企業の都心の本社に、早恵さんは立川市にある大きな病院に、それぞれ通勤していた——通勤通学に便利で、住み心地の良さそうな家を求めていた次第である。

早恵さんの勤務地である立川まで、多摩モノレールで一本で行けるのも良かった。

三軒の家は、短い私道を囲むように建っていて、突き当たりの一軒だけが、まだ売れていなかった。三軒とも建売住宅で、似たような造りだ。

売れ残った一軒は、だからといって、他の二軒に遜色《そんしょく》がなかった。それどころか、見学に行ってみたら、この家がもっとも陽当たりが良いことがわかった。


私がお話を伺った時点では、早恵さんは八王子市内の精神科に入院されていた。件の新築の家に引っ越してから患った鬱病が悪化したため、ここ半年あまり入院していたのだが、このところ快復が著しく、退院が間近だとおっしゃっていた。

「あの家に住むようになってから、うちの家族に起きたことを誰かに聴いてもらいたくて。今にして思うと予兆はありました。……ええ、全部あの家のせいだと思っています」

引っ越しの当日、私道にトラックを停めて荷物を運び入れようとしたところ、左右の斜め前の家の片方で、庭に小型のクレーンやパワーショベルを入れていることに、早恵さんたちは気がついた。

好奇心もあり、挨拶がてら夫と訪ねてみたら、七〇歳ぐらいの女性と三〇代の夫婦と思われる人たちが門のところに出てきた。何をしているのか訊ねると、年輩の女性が、「水晶を庭に埋めています」と答えた。土地を浄化するために必要なことだという説明を聞いて、夫婦でヒソヒソと「何かの宗教かもしれないね」と話し合った。

「あまり気にしない方がいい。ちょっと不思議だけど、感じが好《よ》い人たちじゃないか」

時季は五月初旬で、その日はゴールデンウィークの終盤だった。

翌日の昼間、早恵さんは車で買い出しに出掛けた。夫と子どもたちは、まだ家で片づけ作業をしていた。夕食の材料と日用品を買って、日が高いうちに帰った。

この家の駐車場は、いわゆるカーポートで、屋根と片持ち式の柱だけの簡易な造りだ。紫外線をカットしつつ光を通すポリカーボネートの屋根の下は明るく、運転席に取り付けた車載カメラのモニター画面には、最初は何も映っていなかった。

バックミラーも確認した。オーライ……と、軽くブレーキを踏みながらバックした。

だが、カーポートに車を入れ終えたとき、バックミラーに黄色いものが映った。

よく小学一年生が被らされている通学帽のように見えた。

慌てて振り返ってみると、黄色い通学帽を被り、赤いランドセルを背負った六、七歳の女の子が車の真後ろに立って、こちらを見ており、目と目が合った。

しっかりブレーキをかけ、エンジンを止めて車から降りたところ、どこに逃げていったのか、もう姿がなかった。

荷物を運んでもらうために夫を呼び、カーポートに女の子がいたことをついでに話した。

「ドキッとした。ピカピカの一年生みたいな子が、車の真後ろに立っているんだもの」

「近所の子だろうね。危ないなぁ。……うん？　待てよ。今日は学校は休みじゃないか。ちょっと変わった子かもしれないね。車載カメラの録画を見せて。外で見かけたときにわかるように、顔を覚えておきたいから」

ところが録画を再生してみたところ、黄色い通学帽の小学生はどこにも映っていなかったのだった。「本当にいたの？」と夫に疑われ、早恵さんは「きっとカメラが故障したのよ」と応えながら、内心、非常に不気味に思った。

――車を入れはじめるとき、あの子はいなかった。いつ後ろに入り込んだのかしら。

この一件は、一度だけなら忘れてしまえるような、些細な出来事だったかもしれない。

しかし、その後も、月に一、二回、同じ女の子がカーポートに出没した。現れ方はいつも同じで、バックミラーと肉眼では確認できたが、車載カメラには映らなかった。そう、録画できなかったのではなく、そもそもあの子の姿だけが撮影できていなかったのだ。

「二度目に黄色い通学帽の女の子を目撃したときには、黒い大男や、若い女性、中肉中背の中年男性や和服のおばあさんが家の中に現れるようになっていました」

――正直なことを告白するが、早恵さんがこう話されたとき、私は彼女の病名は鬱病ではない、あるいは鬱病だけではないのではないかと疑った。

私には、リアルな幻覚や妄想を伴う精神病に苦しんでいる親戚がいるので、その種の知識が皆無というわけでもない。しかし、彼女の次のひと言で少し考え直した。

「娘も見ています」

「そうですか」と私は応えた。だが、親の妄想を子どもが共有するケースはあり得そうな気がするなどと思い、まだ完全には疑いを捨てずにいた。しかし……。

「新しく買った姿見が大きすぎて、置き場に困って、結局、リビングの隅に置くことにしたのです。娘と姿見をリビングに運んで、隅の方に置いたところ、娘が小さな声で『あそこに女の人がいるんだけど』と言って、恐るおそる姿見の中を指差して……。見れば、若い女が映っていました。私たちの斜め後ろの方の、窓際に佇んでいるんですよ！　反射的に後ろを振り返ると、いませんでした。……それにまた、長男は、いつも誰かに監視されていると言いはじめました。そのせいでしょうか……長男は野球に夢中な、元気な子だったのに、急に不登校になってしまいました。次に次男も、学校に行きたがらなくなり、長女はカッターで手首を……。いわゆるリストカットです。学校にも行かなくなりました」

転校先でいじめにあっているのではないかと思い、早恵さんは子どもたちの学校に足を運んだ。しかし、いじめの事実はなさそうだった。

子どもたちも、友だちとのトラブルはないと言い張った。

「でも、短期間のうちに三人とも不登校になるというのは、ただ事ではありません」

「ええ。さらに夫も体調不良を訴えるようになり、急性腎不全で倒れてしまいました」

引っ越しから一年足らずのことだった。幸い生体腎移植が成功して、職場に復帰できたが、その頃から今度は早恵さんが鬱病を発症した。

「初めは、心労が重なっているせいだと思っていました。子どもたちが三人とも学校に行かなくなり、夫は病気になり……。しかも、私は職場で嫌がらせにあいはじめたんです」

「立川の病院ですか？」

「ええ。私は検査員で、同じ科の人たちはみんな善い人でしたが、事務員に意地の悪い女性がいて、彼女と仲の良い常務に私が気に入られて一回だけお茶に呼ばれたのがきっかけで、それ以来、私を散々いびるように……。子どもたちに向き合うためもあって、私は仕事を辞めたんですけど、そのときも凄く冷たい態度を取られました」

どんな女性だったのか訊ねると、「独身で、外見が少しユニークで……」と、なんだか言いづらそうにする。

「描写する必要があるかもしれませんから教えてください。念の為です」

「……そうですね。同性の容姿をあれこれ言いたくないのですが、後で出てきますしね」

「？　後で出てくるというと？」

「その事務員の女性が、長女に祟っていたのがわかったときに……。順を追って話します」

早恵さんは、新しい家に来てからというもの悪いことばかり起きるので、友人のAさんに霊視してもらうことにした。

彼女の高校のときからの友人・Aさんは、沖縄のユタの末裔《まつえい》で、家の見取り図と住んでいる人の名前で霊視ができた。たまたま立川市に住んでいたので、仕事帰りやランチタイムに、ときどき会っていた。

ただ、長年親しくしてきたものの、スピリチュアルな相談を持ち掛けたことはなかった。

しかし長男が、自分の部屋に食べ物を持ち込んでは、食べずに腐らせて、しかも片づけないし、掃除をさせないという異常な行動を取りだして、常に酸っぱい異臭が家じゅうに漂いはじめたのである。

長女のリストカットも止まらず、さらに、たびたび幽霊を目撃するだけではなく、「誰かが首の後ろに乗っているみたい」と訴えるようになった。肩や首が重いと言うのだが、どうしてやることもできない。

次男は一見、元気そうなのに「どうしても玄関から外に出られない」と言う。

——玄関と居間の間の廊下には、ときどき夜になると黒い男が現れていた。

早恵さんは、寝る前にチェーンを掛けに行って、三和土《たたき》から上がり框に上がったときに、それにぶつかってしまったことがある。

逞《たくま》しい筋肉質の男の体を想像させる弾力があり、温かい体温を感じた。身長は一八〇センチぐらい。なんとなく怒っている雰囲気があった。夫と同世代か、もう少し上の年配だという気がしたが、なぜそう思ったかというと、直感としか言いようがなかった。

なぜなら、ぶつかったとき、反射的に三和土に退《しりぞ》いて見上げたその男の顔は真っ黒で、目も鼻も判然としなかったのだ。全身が黒い煙の塊のようで、服装もわからなかった。

本来、早恵さんはオカルト的なことを信じる性質ではなかった。しかし、こうも度重なると、信じざるを得なくなり、Aさんに霊視を依頼したのだった。

Aさんに家の見取り図と家族の名前をメールで送ると、間もなく返信が届いた。

ちなみに、この家でこれまでに遭遇した怪異については、まだ打ち明けていなかった。

Aさんを疑うわけではないが、霊視の結果と突き合わせてみたいと思っていた。
Aさんからのメールは、このような内容だった。

〈この家には「圧」を感じさせる、体の大きな男がいて、「出て行け。ここは俺の土地だ。勝手に足を踏み入れやがって」と怒っています。男の周辺には、一面の焼け野原のようなものが見えます。

また、玄関からリビングルームを経て、リビングルームの外の敷地の一部までが霊道になっています。これが、さまざまな幽霊が現れる原因です。

長男さんの部屋には、借金に苦しんだ挙句、焼身自殺をした人の霊がいます。最期は食べ物を買うお金もなく、お腹を空かせたまま自殺された人です。「ここには食べ物がある」と言っています。

長女さんには女の生霊がついています。長女さんに肩車して、精神を操って楽しんでいます。この女は早恵さんを苦しめるために長女さんを攻撃しているのですが、思い当たるママ友などはいませんか？　イラストを描きましたので、ヘタクソな絵で恐縮ですが、見てください。名前を知りたいと思います。

その他に、良い幽霊もいます。清楚な感じの、お着物のおばあさんで、たぶん早恵さん

の父方の曾祖母だと思います。この人の名前も教えてください。お願いすれば、悪い霊を連れていってもらえるかもしれません〉

早恵さんは「これを読んでびっくりしてしまって……」と言う。

「Aさんの力は本物だと確信しました。男の周りに見える焼け野原についても、昔からこの辺りに住んでいるお年寄りを知っていたので『昔はここも空襲に遭いましたか』と訊いてみたら、『空襲はまぬがれたようだけれど、七〇年以上前、大栗川が氾濫して家々や畑が押し流されたことがある』と教えてくれたのです」

さらにイラストも――。

「例の意地悪な事務員の女性にそっくりでした！　川奈さんも見てください！」

というわけで、そのイラストを送ってもらい、ただちに拝見したところ、「同性の容姿をあれこれ言いたくない」と彼女が言っていたことを思い出した。

――端的に言って、その人物は醜かったのだ。派手な花柄のワンピースを着て、髪を赤茶色に染めてチリチリにパーマをかけた、脂肪の塊のような中年女。

それが、目を吊り上げた恐ろしい笑顔で、少女の肩に乗っているという不気味な絵だった。

「着物のおばあさんはAさんが私の父方の曾祖母の名前を呼んだら、会話に応じてくれたそうです。そしてAさんと一緒に高幡不動尊に行って、悪霊たちを祓う手伝いをしてくれたんですって」

Aさんが、お不動さまに祈念しているときには、すでに早恵さんは鬱病が高じて入院を余儀なくされていた。

しかし、Aさんが高幡不動尊に行った翌日、いきなり霧が晴れたかのように頭がスッキリして、体調が良くなった。

お蔭で、年末年始には六日間の一時退院の許可も下りた。

驚いたことに、家に帰ってみたら、長男は部屋を綺麗に片づけて、食べ物を持ち込むこともなくなり、友だちを招いて楽しそうに遊んでいた。長女はリストカットを止めて陽気さを取り戻し、次男も元気に外へ出掛けられるようになっていた。

夫も、なんだか明るくなり、少し若返ったようでさえあった。

六日目、病院に戻る直前に、元同僚からこんなメールが届いた。

問題の事務員について内部調査が行われ、嫌がらせを受けていないか、従業員全員が個別に呼び出されて質問されたから、「あの女に天罰が下りそう」というのだった。

実地調査

現在六〇歳の五朗《ごろう》さんが四〇歳前後の頃というから、二〇〇二年ぐらいのことだ。彼はそのとき、妻の父である神職のAさんのお伴で、亡き昭和天皇の神宮候補地を探す実地調査会に参加していた。主宰はAさんとAさんの長年の知己からなる天佑会という民間団体で、五朗さんは臨時のドライバー兼助手という立場だった。

Aさんら天佑会の目的は、明治神宮のように市民運動によって昭和大皇の神宮を建立に至らしめることだったが、残念ながら彼らの計画は日の目を見ることがなかった。

しかし約二〇年前のその時点では、プロジェクトはまだ始まったばかりで、メンバーはやる気に満ちていた。昭和天皇が眠る武蔵陵墓地に近い深沢山を仮候補地として、地権者に許可を得た上で、踏査に臨んだ次第だ。

秋の午後、一行はAさんを先頭に、山に登りはじめた——と、その途端、一天にわかにかき曇り、雨の気配が満ちてきた。

やがて山の中腹に差し掛かると、見晴らしの良い場所でAさんが立ち止まって、

「あっちの山から、真っ白い着物姿の女性が片手で手招きしている。はっきり見えた」

と、そんなことを言う。

「どこです?」と目を凝らしたが、そのときにはAさんも白い女の姿を見失っていた。

さらに少し歩いた。するとまたAさんが「山小屋だ」と、道の先を指差した。

確かに山道の左手前方に、木造の小屋のようなものが建っていたが、近づくと忽然と跡形もなく消えた。

とうとう雨が降りはじめ、一行は山道を引き返した。

麓の蕎麦屋で早めの夕食を食べながら、さっきの女や山小屋について話していたところ、隣のテーブルで独りで蕎麦をすすっていた男性が、急に会話に加わってきた。

「真っ昼間から、そんなことが本当にあるんですねぇ。城跡でキャンプした大学生が、真夜中に落ち武者を見たという噂なら聞いたことがありますが……」

Aさんは数年前に亡くなったそうだ。取材直後、五朗さんから私にメッセージが届いた。

〈さきほど、古いスーツを処分しようとしていたところ、ポケットの中から、義父が一生ものの永世祈願をしてくれた御守りが出てきました。失くしていたと思っていた大事な御守りで、どれだけ探しても見つからなかったのに、と、あまりのタイミングの良さに、妻と共に驚いております。今は亡き義父からのメッセージであったように感じました〉

八王子車人形七不思議

（西川古柳座）

そのとき柳玉《りゅうぎょく》さんは、近所の同級生三人と父の稽古場でかくれんぼをしていた。小四の夏休みが始まったばかりで、三人はいつもの遊び友だちだった。今晩は「お泊り会」をする約束で、もう夕飯や入浴を済ませていた。居間に敷きつめた蒲団で雑魚寝をするふりをして、母が寝入るのを待ち、みんなで抜き足差し足、外に出た。

お泊り会も、家人の目を盗んで稽古場に忍び込むのも、これが初めてではなかった。父が出張で留守にする今夜は、またとない好機だ。父は趣味の（と当時の柳玉さんが思い込んでいた）八王子車人形《くるまにんぎょう》の稽古場で子どもが遊ぶのを嫌っていた。

だが、稽古場は、舞台から平間に飛び降りたり、舞台裏を探検したりと、子どもの目には楽しい遊び場に映った。体育館ぐらいの広さがあり、鬼ごっこや何かにも向いていた。

母は早寝早起きの人で、まだ午後の一〇時にもなっていなかった。しかし、ここ下恩方《しもおんがた》の住宅地は、家々の合間に畑や雑木林が挟まっているせいもあって、すでに深夜の静けさだ。家の門から出ると、青い月明かりが路地を照らしていた。この路地を左へ五メートルばかり進んだところに辻があって、たいそう古い地蔵堂が建っている。

稽古場は、地蔵堂の辻を右に曲がって一軒目。ふつうの民家のような二階建ての建物だが、門も表札もなく、駐車場がやけに広い。玄関は格子の嵌まった磨りガラスの引き戸で、誰も使っていないときは鍵が掛かっていた。

駐車場の隅に、家族しか知らない秘密の隠し場所がある。柳玉さんは、そこから鍵を抜き取って、引き戸を解錠した。

ここの引き戸は扉が重く、開け閉めのたびにガラガラゴロゴロと雷じみた音を立てた。中は真っ暗で、友だちが後ろで「怖《こ》えぇ」と小声で言った。

玄関から順繰りに電気を点けていった。平間と舞台周りから闇を追い出すと、かくれんぼを開始した。

じゃんけんに負け、柳玉さんが鬼になった。一〇〇数えて友だちを探しはじめたところ、すぐに、誰もいないはずの方から声が聞こえてきた。

「はいはい。うんうん」

大人の男の声だったから、咄嗟に父だと思った。声の方に、事務仕事をする小部屋があった。電話で相槌を打っているような感じだ。夕飯のときいなかったので、いつものように出張に行ったのだとばかり思い込んでいたのだが、稽古場にこもっていたのか……。

「あー、そう。うん。はい。うんうん」

――見つかったらきっと叱られるけど、隠れてる友だちを置いていけない。どうしよう。困ったぞ。そう思った矢先、ゴロゴロガラッと雷鳴を轟かせて玄関の引き戸が開いた。振り向くと、コンビニのレジ袋をさげた父が戸口に立っていた。

柳玉さんを見て、「あっ」と目を丸くした。

「なんだ、こっちに来てたのか！　友だちは？　今夜はうちに泊まるんだろう？」

この騒ぎで、隠れていた友だち三人が現れて、おずおずと父に挨拶した。

「こんばんは……」

一方、柳玉さんは父の質問に答えるどころではなかった。

「お父さん、そこで電話してたんじゃないの？」

「ううん。町の寄り合いに行ってた。コンビニで買い物して帰ってきたところだよ」

――声が聞こえた小部屋には誰もいなかった。

その後、柳玉さんと友人らは肝試しにハマった。お化け屋敷を愉しめる性質の、元気な悪童ぞろいだったのだ。

再び不思議な現象が起きるのではないかと期待しながら稽古場を探検し、真っ暗な《かしら倉庫》の真ん中に我慢できなくなるまで座る遊びにも興じた。

家の敷地に、母屋と並んで建っている平屋の別棟がかしら倉庫で、人形の首《かしら》が一二〇個もしまわれているのだった。

何段も壁にしつらえた棚に、さまざまな顔が並んださまは圧巻のひと言に尽きた。操られていないとき、人形たちはいつも真顔だ。

幾重にも胡粉《ごふん》と膠《にかわ》を塗り重ねた首は、人間の顔よりずっと小さいけれど、どれにも個性と存在感があった。顔立ちの個性は、舞台で演じさせる役とかしら職人の腕に準じているが、存在感の方は、時間の重みがあればあるほど増すようだった。

たとえば、二〇〇年以上前に作られた幕末の首はボロボロで、舞台には出せないと父は言っているが、かしら倉庫ではどの首よりも活き活きとしていた。

また、人形遣いの人々の真心も、人形に染み込んでいるのかもしれなかった。

父によれば、一〇〇年前の首は、問題なく使えるという話だ。

だが、それは、父たち人形遣いが指の腹さえ付けぬよう、細心の注意を払ってきたからだ。首についた皮脂の跡は拭き取ることができない。塗り直そうにも、かしら職人は、今では京都と徳島ぐらいにしか残っていないから、修繕に出すのも大変なことなのだ。

人形たちの髪も貴重なものだ。本物の人毛が、一本一本植えつけられているのだから。

このかしら倉庫にある《清姫《きよひめ》》の髪は、伸びつづけているそうだ。

清姫は、愛しい安珍《あんちん》を追いかける一六、七の女の子。安珍恋しさのあまり日高川《ひだかがわ》に飛び込み、ついには執念の蛇と化す――和歌山県の道成寺に伝わる物語「娘道成寺」を基にしたこの『日高川入相花王《ひだかがわいりあいざくら》』は、人形浄瑠璃でも古来より演じられてきた、西川古柳座を代表する演目の一つだ。

人形浄瑠璃や八王子車人形の清姫は、顔が蛇の形相に変化する仕掛けが見所だ。

――可愛いおねえさんが、好きな人に逃げられて、蛇に化けてしまうのは、かわいそう。

柳玉さんは、子ども心に、一途な清姫の悲しい物語と、伸びる髪の怪異を結びつけていた。

お菊人形のように髪が伸びるのは、もちろん怖いことではある。

しかし悲劇の主人公を演じる人形の首が、いつしか役と一体となって、元は生きた女の黒髪だったであろう髪の毛を伸ばすに至ったとすれば、その機序《きじょ》には、恐ろしさよりも切なさを覚える――と、小学生の柳玉さんが理屈で考えたわけではなかろうが。

かしら倉庫の暗闇で首に囲まれていると、清姫をはじめ人形たちの視線を感じたという。

結局はたまらなくなって外に飛び出してしまうのだが、人形の命を実感する大切な時間であった。

柳玉さんが小学六年生のとき、学校で貰ったプリントに親の職業を記入する欄があった。

――お父さんはサラリーマン。よく出張しているから、優秀な会社員に違いない。

そう信じていた。

稽古場に父のお弟子さんたちが通ってきていても、父とお弟子さんが学校に来て、八王子車人形の実演を披露したり、車人形のからくりについてみんなに説明したり……そんなことがあっても。

後になってみれば、どうかしていたと思うほかなかったが、彼は「お父さんの仕事は、人形遣いだ」と、初めて教えられたときの衝撃が忘れられないとのこと。

古来、人形遣いは漂泊の傀儡子《くぐつし》だった。全国を渡り歩きながら人形の芸で人々を愉しませるうちに、芸は磨かれ、いつしか浄瑠璃と結びついて、洗練されていった。

発生は中世より前だと言われる。その伝承の末端に、彼の父がいた。

――まさか人形遣いだなんて、思いつきもしなかったよ。

これまで出張と思っていたのは、地方、ときには海外での公演旅行であった。

父たちは、八王子の伝統芸能の継承者として、郷土の民俗文化を子どもたちに教えるために、市内の小学校へ人形を持って訪れていたのだ。

担い手が少ないことは、稽古場に出入りする人々を見てきたから、わかっていた。

彼らは単なる弟子ではなく、父が率いる西川古柳座の大切な座員だった。

座員さんは、父を名前で呼ばない。

——家元。

インタビューの折に、西川柳玉さんが、頑として彼の父・五代目西川古柳さんを「父」ではなく「家元」と呼びつづけるので、私はその理由を訊ねた。

「西川柳玉にとって古柳は家元です。親子だと甘えが出ますから」と彼は答えた。

尊敬と憧れの対象に近づく努力は、並大抵のものではないらしい。八王子車人形の人形は三キロから五キロの重さ。これを、三輪のろくろ車で舞台狭しと動きながら、両手両足を駆使して操るのだ。また、演目によっては一時間半の長丁場になり、体力も消耗する。

「人形は右腕と左腕で構造が違い、弓手《ゆんで》と呼ばれる左腕が難しいのです。弓手が動かせるようになるまでに三、四年を要しました。本当に満足がいくまでは一生かかるのでは……」

東京福祉大学在学中の一九歳のとき、彼は家元のシカゴ公演の助手を務め、それ以来、六年間、研鑽《けんさん》を積んできた。兵庫県の淡路人形座で一年間、修行したこともある。

「人形の心をお客さんに伝えたい。どこまでも演技を極めて、芸を突き詰めてみたいですね」

西川古柳座は、ここ最近、若い座員が増えた。この三月の公演では一四名の座員が出演し、うち八名が一〇代から二〇代の若手だった。

長年、子どもたちの啓蒙に努めてきた努力が実りはじめたのだろう。

また、これからは、今年、八王子初の国の重要無形民俗文化財に指定されたことで、新たに興味を惹かれる方も少なくないはずだ。


若い座員さんたちは、稽古場の怪異に、しょっちゅう遭遇しているそうだ。

代表的なのが「稽古中に玄関が開く音がガラガラと鳴り響いて、振り向くと引き戸は閉まったままで、誰も来たようすがなかった」という現象。

よくあるパターンに「てっきり家元だと思ったが別の何かだった」というのもあり、これは柳玉さんも経験している。

——稽古場の隅に、書棚の目隠しとして高さ一間（約一八〇センチ）の壁が造りつけてある。その壁の上から男の後頭部が覗いていたので、家元がいるのだろうと思ったが、よく考えてみると家元の背はそんなに高くない。壁の後ろを確かめると誰もいなかった。

——玄関に家元の靴だけがあり、作業場に人影が見えたので「家元」と呼びながら近づくと、裏口から逃げる足音がした。家元は別の場所にいて、裏口の鍵は閉まっていた。

稽古場には、三代目と四代目の家元西川古柳の額装された肖像写真が飾られている。

彼らは、柳玉さんの曾祖父と祖父でもある。

かつての家元たちが、時折、幽世から子孫を応援しに来ているのではないかしら——。

© Hosaku Karouji

娘道成寺を基にした「日高川入相花王」は八王子車人形の主な演目の一つ。悲恋のヒロイン・清姫を操る五代目西川柳玉さん。

●参考資料（敬称略／順不同）

『八王子の歴史文化　百年の計　特集～はちおうじ物語～　八王子市歴史文化基本構想』
八王子市教育員会生涯学習スポーツ部文化財課／編纂（八王子市教育委員会）　※全編にわたって参照しました

《霊気満山　高尾山　人々祈りが紡ぐ桑都物語》文化庁日本遺産「桑都物語」推進協議会／八王子市都市戦略部都市戦略課日本遺産推進担当（八王子市）
https://www.city.hachioji.tokyo.jp/kankobunka/003/takaosann/p02876.html
※ＵＲＬはトップページ（ＰＤＦなどのリンク多数あり／全編にわたって参照しました）

『新八王子市史　資料編２　中世』八王子市市史編集委員会／編（八王子市）

『新八王子市史　資料編５　近現代１』八王子市市史編集委員会／編（八王子市）

『新八王子市史　資料編６　近現代２』八王子市市史編集委員会／編（八王子市）

《「残堀」「恩方」「廿里町」…難読地名で読む東京多摩　第３回　難読地名の不思議》中江克己（BEST TIMES）
https://www.kk-bestsellers.com/articles/-/6009/

《野猿街道に「申（さる）」はいたのか　名前の由来を探る》タウンニュース八王子版
https://www.townnews.co.jp/0305/2016/01/01/314093.html

《大和田橋に弾痕 なぜ？　透明板に覆われ歩道に》タウンニュース八王子版
https://www.townnews.co.jp/0305/2017/11/02/405045.html

『とんとんむかし』菊池正（東京新聞出版局）
『とんとんむかし　―語ろう！八王子のむかし話―』高尾山とんとんむかし語り部の会／編（揺籃社）
『決戦！八王子城　直江兼続の見た名城の最期と北条氏照　揺籃社ブックレット６』前川實（揺籃社）
『八王子のむかしばなし』菊地正／監修、八王子市企画部広報課広報係／企画・編集（八王子市
『八王子の民俗』佐藤広（揺籃社）
《八王子城訪ね歩き　八王子城落城伝説・言い伝え》高尾通信事務局
https://www.tazunearuki.info/hachioji-castle/legend.html
《三菱・スタリオン（１９８２年〜）　名車？迷車？特集　ちょっと懐かしい迷車たち12話》ＧＡＺＯＯ
https://gazoo.com/feature/gazoo-museum/meisha/natsukashi/12/11/29/
『織物の八王子　―戦後から現代までをたどる―』八王子市郷土資料館／編（八王子市教育委員会）
『耳嚢（下）』根岸鎮衛／著、長谷川強／注（岩波書店）
『中央本線４１９列車　いのはなトンネル列車銃撃空襲の悲劇』いのはなトンネル列車銃撃空襲遭難者慰霊の会／編（揺籃社）
『ガイドブック八王子の戦跡　変わりゆく風景の中で語りつづける』齊藤勉・井上健／監修、揺籃社／編（揺籃社）
『乱世！八王子城』山岩淳／著、高尾山の花名さがし隊／編（揺籃社）
《元八王子のむかしばなし》元八王子地域住民協議会広報部 http://motohachi88.starfree.jp/mukεsi-banasi.pdf
『武蔵国多摩郡と由木の里の昔語り　改訂版』石井義長（揺籃社）
『写し絵・車人形・説経節　特別展』八王子市郷土資料館／編（八王子市教育委員会）

八王子怪談　逢魔ヶ刻編

2022年5月7日　初版第1刷発行

著者……………………………………………………………………………川奈まり子
デザイン・DTP　………………………………………………荻窪裕司（design clopper）
編集…………………………………………………………………………Studio DARA

発行人…………………………………………………………………………後藤明信
発行所……………………………………………………………………株式会社 竹書房
〒102-0075　東京都千代田区三番町８－１　三番町東急ビル６F
email：info@takeshobo.co.jp
http：//www.takeshobo.co.jp
印刷所……………………………………………………………中央精版印刷株式会社